発達がわかれば子どもが見える プラス

0歳から就学までの目からウロコの保育実践

監修 田中真介 京都大学准教授
編著 乳幼児保育研究会

ぎょうせい

監修の言葉

　いい保育実践は、性能のよい一眼レフカメラで鮮明な美しい写真を撮影することにたとえられる。フィルムは保育内容、シャッターを切るのは保育者。だが、子どもに焦点をピタリと合わせなければ、どんなによいフィルムを使ってもいい写真は撮れない。「発達をみる」とは、対象に正確に焦点を合わせる営みともいえよう。さらに、ファインダー（あなたの眼）から見える子どもは、あなた次第で変化する。「発達を学ぶ」ことによって、あなたの眼は豊かになり子どもは新たに発見される。そしてあなたは子どもだったのだから、子どもの発見とは、あなた自身の発達過程の発見（過去から現在そして将来にわたる発達過程の発見）となる。過去が新たに発見され、それによって未来が新たに構想されていく。

　東京・新宿で発達理論と保育実践が出会い、この本が生まれた。ここには子どもたちの発達を徹底して尊重し信頼し期待しようとする姿勢が貫かれている。読者が人間の発達についての新しい見方に触れて、子どもたちそして自分自身の新たな価値を発見していかれることを願う。

2009年1月

田　中　真　介

はじめに

　国連では、1948年に「世界人権宣言」が採択され、同じ年に日本では「児童福祉法」が施行されました。2009年はその60周年にあたります。また、保育所保育指針が改定され、2009年4月に施行されます。この本を、記念すべき年に発刊できた喜びとともに、子どもの権利を大切にし、健やかな発達を願う一人でも多くの方に、日々の保育の中で活用していただければと願っています。

　私たちは、1990年、今から18年ほど前になりますが、東京都新宿区で産休あけの子どもから1歳児までの乳児保育園に勤務していた時に、今は亡き田中昌人先生（京都大学名誉教授）と田中杉恵先生（元滋賀大学教授）そして、有田知行氏（写真）の共著「子どもの発達と診断1～5」（大月書店）をテキストにして、発達にそくした援助や保育内容を見直し合う園内研修を行いました。その中で保育者が、子どもの発達を見通して子どもの内にある成長しようとする力を大切に、きめ細やかに援助し保育を実践すると、子どもたちが活き活きと伸びやかに変化をし成長していくことを実感しました。また、保育経験を頼りに積み重ねて行くだけでなく、きちんと子どもの発達についての科学的な研究成果を学び理論立てて実践していくことの大切さを学んだことは、まさに「目からうろこ」でした。その後、転勤で当時の職員は他園に分散しました。

　1994年11月に、その時の有志で、もっと発達の学習を深めたいと考え、「特別区職員研修所自主研修グループ」として勉強会を立ち上げました。そして2000年には、新宿区に職員の自主的な研究活動に対する助成制度ができたのを受け「新宿区職員自主研修グループ乳幼児保育勉強会」として、発達の学習を続けました。毎月の事例検討の例会と並行して、「発達がわかれば保育に見通しが持て、子どもが見えてくる」ということの大切さを、田中真介先生（京都大学准教授）を講師に招いて深めていきました。当初は乳児中心に3歳児までの発達をまとめていましたが、幼児担当の保育者から幼児の保育で悩んでいる声が多く寄せられ、就学前まで年齢を拡げて、乳幼児期全体の発達にそくした援助と保育内容を学び合ってきました。

2008年3月には新たな保育所保育指針が告示され、今まで以上に保育者の学習と専門性が求められています。まだまだ私たちも学習途上ではありますが、学習と実践の中で得たこの14年間の研究成果をまとめました。
　本書には次のような特徴があります。
  1) 子どもたちの発達の最も重要な特徴を、年齢ごとにまとめました。
  2) 発達の特徴に焦点を合わせて、「育児の方法」「あそびへの関わり方と援助の仕方」について詳しく述べました。
  3) 集団づくりに重点をおいて、発達をとらえた「集団づくり」のあり方及び「クラス運営」の具体的な内容構成の例を挙げました。また、年齢別のあそびも一覧表にしています。

　本書の内容を保育内容を豊かに展開する時の参考にしていただき、さらに発展させていただければと願っております。
　保育実践に活用しやすいものをという思いで作りましたが、日々の保育の仕事の合間に集まって検討し、加筆する繰り返しをした原稿で、まだまだ補っていくべき点も多々あると思います。少しでも日々の保育実践の道標になればと思っております。

2009年1月

乳幼児保育研究会

〔第40版（増補改訂版）の発刊にあたって〕
　本書は2009年2月25日に誕生し、保育・子育てに携わっておられる多くの方に読んでいただきました。初版の出版後10年を経て、今回の第40版では、近年の発達研究と保育実践の成果と最新の資料をもとに、①睡眠時の配慮、②離乳食と母乳、③幼児期からの性教育（からだを大切にする保育）について表現・用語を改めるとともに、新たに解説とコラムを加えました。また、保育のための重要な基礎資料として、「全国保育士会倫理綱領」及び「子どもの権利条約」を掲載しました。

2020年3月31日

乳幼児保育研究会

全国保育士会倫理綱領

　すべての子どもは、豊かな愛情のなかで心身ともに健やかに育てられ、自ら伸びていく無限の可能性を持っています。
　私たちは、子どもが現在(いま)を幸せに生活し、未来(あす)を生きる力を育てる保育の仕事に誇りと責任をもって、自らの人間性と専門性の向上に努め、一人ひとりの子どもを心から尊重し、次のことを行います。
　　私たちは、子どもの育ちを支えます。
　　私たちは、保護者の子育てを支えます。
　　私たちは、子どもと子育てにやさしい社会をつくります。

（子どもの最善の利益の尊重）
1．私たちは、一人ひとりの子どもの最善の利益を第一に考え、保育を通してその福祉を積極的に増進するよう努めます。

（子どもの発達保障）
2．私たちは、養護と教育が一体となった保育を通して、一人ひとりの子どもが心身ともに健康、安全で情緒の安定した生活ができる環境を用意し、生きる喜びと力を育むことを基本として、その健やかな育ちを支えます。

（保護者との協力）
3．私たちは、子どもと保護者のおかれた状況や意向を受けとめ、保護者とより良い協力関係を築きながら、子どもの育ちや子育てを支えます。

（プライバシーの保護）
4．私たちは、一人ひとりのプライバシーを保護するため、保育を通して知り得た個人の情報や秘密を守ります。

（チームワークと自己評価）
5．私たちは、職場におけるチームワークや、関係する他の専門機関との連携を大切にします。
　また、自らの行う保育について、常に子どもの視点に立って自己評価を行い、保育の質の向上を図ります。

（利用者の代弁）
6．私たちは、日々の保育や子育て支援の活動を通して子どものニーズを受けとめ、子どもの立場に立ってそれを代弁します。
　また、子育てをしているすべての保護者のニーズを受けとめ、それを代弁していくことも重要な役割と考え、行動します。

（地域の子育て支援）
7．私たちは、地域の人々や関係機関とともに子育てを支援し、そのネットワークにより、地域で子どもを育てる環境づくりに努めます。

（専門職としての責務）
8．私たちは、研修や自己研鑽を通して、常に自らの人間性と専門性の向上に努め、専門職としての責務を果たします。

　　　　　　　　　　　　　　　　　　社会福祉法人　全国社会福祉協議会
　　　　　　　　　　　　　　　　　　　　　　　　　全国保育協議会
　　　　　　　　　　　　　　　　　　　　　　　　　全　国　保　育　士　会
　　　　　　　　　　　　　　　　　　　　　　　（2003年2月26日採択）

◇目　次

監修の言葉
はじめに

第1章 ◆ 入園面接　　1
■子どもの育ちと保護者の思いを受けとめる　1
■保育についての基本情報を提供し共有する　2

第2章 ◆ 首がすわるまで【0か月〜3か月】　　3

1　全身発達 …………………………………………3
■生理的機能の発達　3　　■運動機能の発達　3
■感覚機能の発達　4

2　育児におけるかかわり方と配慮 …………4
■健康と室内環境　4
　●健康づくり／4　●室内環境／5
■生活リズムの作り方　5
　●授　乳／5　●睡眠時の配慮／6　●睡眠時チェック／7　●排泄（オムツ交換）／7
コラム▶首がすわるまでの赤ちゃんの抱き方は？ ……………6
コラム▶夜のオムツ交換は？ ……………………………8

3　あそびへのかかわり方と援助 ……………8
■腹這いの始まり　8　　■見るあそび　9　　■握るあそび　9
コラム▶赤ちゃんにとって柔らかく優しい生活音と光は栄養！ …………10

4　玩　具 …………………………………………11
●横向きで見えるもの／11　●吊り玩具／11　●握り玩具（軽くて明るい色）／11　●優しい音の出るもの（大人が聴かせるもの）／12　●大人があやして遊ぶ（平面の顔）／12　●人間そのもの／12

第3章 ◇ 寝返りの始まり【4か月～6か月】　　13

1　全身発達 ··· 13
■生理的機能の発達　13　　■運動機能の発達　13

■感覚機能の発達　14

★発達観察のポイント ··· 14

2　育児におけるかかわり方と配慮 ································ 15
■健康と室内環境　15

●健康づくり／15　　●室内環境／16

■生活リズムの作り方　16

●離乳食を始めるまで／16　　●排泄（オムツ交換）／17

●睡　眠／17

3　あそびへのかかわり方と援助 ···································· 18
■腹這いから寝返りへ　18　　■見る・握る・なめる・噛むあそび　18

★発達観察のポイント ··· 19

4　玩　具 ··· 21
●吊り玩具（触れて音がする、動く）／21　　●握れるもの（感触がよい、音がする、なめる）／21　　●見て動きや音を楽しむ／21

コラム▶見ることから、あそびは始まる ······························· 22

第4章 ◇ 這い這いの始まり【6か月～7か月】　　23

1　全身発達 ··· 23
■生理的機能の発達「脳の発達」　23　　■運動機能の発達　24

●全身活動／24　　●手・指／24

■認知機能の発達と感情の分化　25

★発達観察のポイント ··· 25

2　育児におけるかかわり方と配慮 ································ 26
■健康と室内環境　26

●健康づくり／26　　●室内環境／27

■生活リズム　27
　●離乳食の始まり／28　●排　泄／29　●睡　眠／29
　コラム▶離乳食と母乳 ･･････････････････････････････28
3　あそびの援助 ･･･････････････････････････････････････29
　●這い這いを豊かに／30　●いないいないばぁ／30
　コラム▶歩行器について ････････････････････････････31
　コラム▶季節の違い ････････････････････････････････31
4　玩　具 ･･･32
　●吊り玩具（握る、動かす）／32　●動かして音を楽しむ玩具／32
　●感触を知らせる玩具／32　●動かして追視を楽しむ玩具／33
　●保育者の口の動き（レロレロなどの唇あそび）／33　●鏡／33

第5章 ◇ 這い這いの充実【8か月〜9か月】　35

1　全身発達 ･･35
　■生理的機能の発達　35　■運動機能の発達　35
　　●全身活動／35　●手・指／36
　■認知機能の発達と感情の分化　36
2　育児におけるかかわり方と配慮 ･･････････････････37
　■健康と室内環境　37
　　●健康づくり／37　●室内環境／37
　コラム▶8か月不安 ････････････････････････････････38
　■生活リズム　39
　　●離乳食（モグモグゴックン）／39　●排　泄／39　●清　潔／39　●睡眠（日課の安定）／39
3　あそびの援助 ･･････････････････････････････････････40
　●四つ這いへの移行／40　●目と手の協応／40
　コラム▶テレビについて ････････････････････････････41
4　玩　具 ･･･41
　●手・指を使う玩具／41　●音の出る玩具／42　●動かして楽し

む玩具／42　●認識、感触あそび／42

第6章 ◆ つかまり立ちから伝い歩き 【10か月〜12か月】　43

1　全身発達 ………………………………………………43
■生理的機能の発達　43　　■運動機能の発達　44

★発達観察のポイント………………………………………46

■認知機能の発達と感情の分化　47
●口もとの発達／47　●手、指、両手と目の協応そして模倣／47
●感情の分化、要求の手さし・指さし／48　●言葉、認知／48

2　育児におけるかかわり方と配慮 ……………………48
■健康と室内環境　48
●室内環境／48　●衣　服／49　●清　潔／49
■生活リズム　49　　■離乳食〜カミカミゴックン〜　50

コラム▶スプーンを持たせる目安……………………………50

3　あそびの援助 …………………………………………51
■歩行の前に　51
■物を媒介にして人間関係を結び始める　51
●手、指、口もと、足腰を使って／51　●散歩（外界への関心の広がり）／51

コラム▶靴の選び方…………………………………………52

4　玩　具 …………………………………………………53
●手・指を使う／53　●握　る／53　●音の出る玩具／53　●動かして遊ぶ／53　●身体を使って遊ぶ／53　●認識・感触あそび／53

第7章 ◆ 歩行の完成【1歳前半】 （1歳1か月〜1歳6か月）　55

1　全身発達 ………………………………………………55

■生理的機能の発達　55　　■運動機能の発達　56
　　　●全身活動―歩行・姿勢を自由に変える／56
　　　コラム▶歩くことのメリットって、何？·················57
　　　●手・指／58
　　■自我・感情・言語の発達　58
　　　●感情の分化と自我の芽生え／58　●言語　2つの音声・一語文の始まり／59
　2　**育児におけるかかわり方と配慮**··················60
　　■食　事　60
　　　コラム▶スプーンの持ち方·························61
　　■排　泄　62　　■睡　眠　62　　■着　脱　62
　3　**あそびの援助**·································63
　　■歩行（道草）　63
　　　★発達観察のポイント····························63
　　■言　葉　64
　　　コラム▶かみつき······························64
　　■操作的あそび（一人あそびの保障）　67　　■再現あそび　67
　　■ふれあいあそび　67
　4　**玩具（絵本・絵カード）**························68
　　　●運動玩具／68　●操作的玩具／68　●再現あそび玩具／69
　　　●素材的玩具／69　●その他／69　●絵　本／69

第8章 ◆ 調整しながら歩く【1歳後半】
　　　　　（1歳7か月～2歳）　　　　　71

　1　**全身発達**··································71
　　■生理的機能の発達　71　　■運動機能の発達　72
　　　●全身活動／72　●手・指／72
　　■自我・感情・言語の発達　73
　　　●感情の分化／気持ちの立ち直り／73　●言語（二語文の始まり）／73　●認　識／73

★1次元可逆操作の特徴‥‥‥‥‥‥‥‥‥‥‥‥‥‥‥‥‥75
　2　育児におけるかかわり方と配慮‥‥‥‥‥‥‥‥‥‥‥‥75
　　　■食　事　75　　　■排　泄　76
　　　■睡　眠　76　　　■着脱（身辺自立への働きかけ）　76
　3　あそびの援助‥‥‥‥‥‥‥‥‥‥‥‥‥‥‥‥‥‥‥‥76
　　　■散歩（道草、小走りができる、歩く距離がのびる）　76
　　　コラム▶歩きはじめの散歩‥‥‥‥‥‥‥‥‥‥‥‥‥77
　　　■言　葉　78　　■片付けを知らせる　78　　■友だちとの並
　　　行あそび　78　　■自我を育てる　79
　　　コラム▶だだこね‥‥‥‥‥‥‥‥‥‥‥‥‥‥‥‥‥79
　4　玩具（絵本）‥‥‥‥‥‥‥‥‥‥‥‥‥‥‥‥‥‥‥‥80
　　　●運動遊具／80　●操作的玩具／81　●構造的玩具／81　●再現
　　　あそび玩具／81　●素材的玩具／81　●その他／81　●絵　本／
　　　81
　　　コラム▶1歳児における再現あそび‥‥‥‥‥‥‥‥‥82
　　　★発達観察のポイント‥‥‥‥‥‥‥‥‥‥‥‥‥‥‥84

第9章　自我の拡大から充実へ【2歳～3歳】　　85

　　　■生理的機能の発達「脳の発達」　85
Ⅰ　2歳～2歳6か月の発達（自我の拡大）‥‥‥‥‥‥‥‥‥87
　1　全身発達‥‥‥‥‥‥‥‥‥‥‥‥‥‥‥‥‥‥‥‥‥‥87
　　　●運　動／87　●手・指／87　●認　識／87　●言　語／88
　　　●自我の拡大と社会性／89
　2　育児におけるかかわり方と配慮‥‥‥‥‥‥‥‥‥‥‥‥90
　　　●食事（好き嫌い？）／90　●排泄（自立に向けて）／90　●睡　眠
　　　／90　●身辺の人間的自立／90
　　　コラム▶夜泣き‥‥‥‥‥‥‥‥‥‥‥‥‥‥‥‥‥91
　3　あそびの援助（再現、世話あそびを豊かに）‥‥‥‥‥‥92
　4　玩具（絵本）‥‥‥‥‥‥‥‥‥‥‥‥‥‥‥‥‥‥‥‥93

●操作的あそび／93　●構造的あそび／93　●造形的素材／93
●再現・世話あそび／93　●運動遊具／93　●絵　本／93

Ⅱ　2歳6か月〜3歳（自我の充実）……………………………94
　1　全身発達……………………………………………………94
　　●運　動／94　●手・指／94　●認　識／95　●言　語／95
　　●自我の充実と社会性／96
　2　育児におけるかかわり方と配慮…………………………97
　　●食事（苦手なものは1口から）／97　●排泄（自立）／97　●身辺の人間的な自立／97　●自我の育ち／98
　3　あそびの援助（素材・玩具を豊かに）…………………98
　4　玩具（絵本）………………………………………………99
　　●操作的あそび／99　●構造的あそび／99　●造形的素材／100
　　●世話あそび・役割あそび／100　●運動遊具／100　●絵　本／100

第10章　自励心、自制心が育つケレドモ、ケレドモ【3歳〜4歳6か月】　101

　■生理的機能の発達　101
Ⅰ　3歳〜3歳10か月の発達（ダッテ……）……………… 102
　1　全身発達………………………………………………… 102
　　■運　動　102　　■認　識　103　　■言　語　104
　　■自我と社会性　104
　　　コラム▶ダッテダッテのおもしろい言い訳―その1―……… 105
　2　育児におけるかかわり方と配慮（身辺自立に向けての援助）………………………………………………… 105
　　　コラム▶3歳児クラス保育実践「年齢より幼い子どもたち」…… 106

Ⅱ　3歳10か月〜4歳6か月（ケレドモ）………………… 107

1 **全身発達** ･･････････････････････････････････････ 107
　■運　動　107　　■認　識　108　　■言　語　109
　■自我と社会性　109
　　コラム▶ダッテダッテのおもしろい言い訳─その2─･･････ 110
2 **育児におけるかかわり方と配慮** ･･･････････････････ 111
　　コラム▶箸をもたせるポイント ･･･････････････････････ 112

第11章 ◆ 自励心、自制心の発揮
　　　　　【4歳6か月～5歳0か月】　　　　113

1 **全身発達** ･･････････････････････････････････････ 113
　■生理的機能　113　　■運　動　114　　■認　識　115
　■言　語　118　　■自我と社会性（他者との比較）　118
2 **育児におけるかかわり方と配慮** ･･････････････････ 120

第12章 ◆ 真ん中の発見
　　　　　【5歳0か月～5歳10か月】　　　121

1 **全身発達** ･･････････････････････････････････････ 121
　■生理的機能の発達　121　　■運　動　122　　■認　識　123
　■言　語　125　　■自我と社会性（グループ活動に取り組める）
　126
　　コラム▶自己信頼性を培う活動 ･･････････････････････ 127
2 **育児におけるかかわり方と配慮** ･･････････････････ 128
　　コラム▶凧作りの中で活きた力 ･･････････････････････ 129
　　コラム▶性教育っていつから始めるの？ ･･････････････ 130

第13章 ◆ 認めあい育ちあう
　　　　　【5歳10か月～7歳】　　　　　131

■生理的機能の発達　131
　　●中枢神経系（脳及び感覚器官）の発達による感受性の増大／131
　　●身体の成長／132
1　全身発達 ･･･ 132
　■運　動　132　　■認識・構成　133　　■言　語　136
　■自我と社会性（ルールに基づく判断ができる）　137
　　コラム▶5歳児クラスの保育実践「園庭で自転車の練習をしたい」･ 138
2　育児におけるかかわり方と配慮 ････････････････････････ 140
　　コラム▶「発達的3次元」の力を充実させる「見通しと協力」を
　　　　　　発揮できる活動　5歳児クラスの保育実践「リレーで
　　　　　　発揮した力」････････････････････････････････････ 141

第14章　あそびの展開とクラス運営
【3歳児〜5歳児】　　　　　　　143

Ⅰ　3歳児クラスにおける活動内容と展開 ･････････････････ 143
　1　あそびの配慮 ･･････････････････････････････････････ 143
　2　玩具とあそびの展開 ････････････････････････････････ 145
　3　環境構成及び集団づくり・クラス運営 ････････････････ 149
　　◆3歳児クラスにおける保育実践例 ････････････････････ 150

Ⅱ　4歳児クラスにおける活動内容と展開 ･････････････････ 152
　1　あそびの配慮 ･･････････････････････････････････････ 152
　2　玩具とあそびの展開 ････････････････････････････････ 153
　3　環境構成及び集団づくり・クラス運営 ････････････････ 158
　　◆4歳児クラスにおける保育実践例 ････････････････････ 160

Ⅲ　5歳児クラスにおける活動内容と展開 ･････････････････ 162
　1　あそびの配慮 ･･････････････････････････････････････ 162
　2　玩具とあそびの展開 ････････････････････････････････ 163

3　環境構成及び集団づくり・クラス運営 168
　◆5歳児クラスにおける保育実践例 170

子どもの権利条約 172
参考文献 175
あとがき

第 1 章 入園面接

入園面接は、子どもと保護者が保育園と初めて出会う大切な時間です。保護者は、期待と不安を胸に保育園の門をくぐり、未来への一歩を踏み出していきます。保育者は、保護者が安心して保育園に子どもを託せるように、その思いに耳を傾け、ここちよい関係づくりから始めましょう。

《子どもの育ちと保護者の思いを受けとめる》
・保護者の社会的背景を理解し、育児の悩みを受けとめて、子どもの成長の喜びを共有しあい安心感を抱いてもらえる面接にしましょう。
・子どもの名前、生年月日、年齢、生育歴、家族状況を正確に把握しましょう。これまでの子育てで楽しいエピソードなどを伺ってみるのもよいでしょう。お母さん自身がエピソードを語ることで、子育ての楽しさをお母さん自身そして保育者が追体験することができます。
・妊娠中や出産時の状態や異常の有無を聴き取りましょう。特に、早産や異常分娩などを経てきた赤ちゃんでは、脳の機能に微細な損傷を受けている場合もあるので、母子手帳の確認と聴き取りによって出産時の状況を正確に把握し記録することが大切です。後に、発育や発達に気がかりな面が出てきた時に診断の参考になります。
・子どもの健康状態や既往歴、発育状態も的確に把握し記録をしましょう。特別に配慮すべき点は全職員に周知して共通認識にしましょう。

- 保育者、看護師（保健師）が同席して面接を行うと、多面的に親子の様子を観察できるとともに、保護者の心配や相談に応じやすくなります。
- 面接で知り得た情報については守秘義務を守り、個人情報が記録されているものは持ち出さないことを保護者に確約しましょう。また、子どもと保護者の人権を尊重しているという園の姿勢を伝え、安心して話せる雰囲気を作り、しっかりとした信頼関係を築いていくことが大切です。

《保育についての基本情報を提供し共有する》
- 入園面接は、保育者が子どもや保護者のことを知る場であると同時に、保護者にとっては、初めてその保育園に赴き、保育園のことを具体的に知る場でもあります。

  そこで保育者は、保育園内を案内しながら保育室などの空間的配置や1日の生活の時間的な流れ、子どもたちの様子を紹介して、保護者が安心できるようにしましょう。また、〈保育園の目標や基本的な方針〉〈年間の行事予定〉〈病気や怪我、事故等の時の対応〉などの重要な情報をわかりやすく説明し、園生活について理解を深めてもらえる場にしていきましょう。

～入園当初～

第2章
首がすわるまで
【0か月～3か月】

　赤ちゃんは、生まれてから2か月頃までの間に音や光、周りの環境を刺激として受けとめながら、人として育っていく身体の土台を作っていきます。

1　全身発達

《生理的機能の発達》
- 1日の平均総睡眠時間は17時間前後とたっぷり眠ります。眠りの1単位は短く、昼と夜に対応した眠り方ではなく、1日の中で眠りと覚醒が何度も交代し繰り返されます。
- よく眠っているように見えても、脳波の半分は眠っていない状態なので、眼球が動いたり、顔や手指がピクピク動いたりします。入眠時には、微笑みのような表情がよく表われます（生理的微笑）。
- 舌の前後運動で母乳やミルクを飲みます。
- 視力は0.02程度で、大人の1/8～1/25です。18～30cmの距離のものが見えます。

《運動機能の発達》
- 原始反射のために、手の親指と人指し指は内側に閉じていることが多く小指と薬指の側が反射的によく開きます（0～2か月）。
- 腕や足が体幹と関連しながらも、そこから相対的に独立していないために、仰向けでもうつぶせでもべたっと床面についています。手足は反射的に動かしますが、頭は左右どちらかに向いています（1か月頃）。

- 首がすわり始めると、仰向け姿勢で正面を向くことができ、自分で少し首を動かして左右を見回すことができます。
- 仰向けの姿勢で、手と手、足と足を触れ合わすなど、正中線上に向けて手足が内側方向に対称的な動きになります（3か月頃）。
- 手と手、手と口の協応ができ始めます（3か月頃）。
- 紙に描かれた顔 ☺ やぬいぐるみの顔など、顔の形をしているものを見て自分から微笑み、手足を動かします（3か月頃）。
- 引き起こしに頭がついて来るようになります（3～4か月頃）。
- 仰向けで保育者が胸上で物を左右方向に動かして見せると、赤ちゃんは追視し始めます。また、折り返し点での視線の途切れがなくなり、往復追視ができるようになります（3か月頃）。

《感覚機能の発達》
- 光（明るい光・色、優しい光）に対し反応します（1～2か月頃）。
- 音や話し声の方に顔を向けます。
- 不快感が芽生え、空腹になったり、オムツが汚れたりすると、目覚めて泣いたりします（2か月頃）。
- 抱っこされると泣きやんだり、安心した表情を見せます（2か月頃）。
- 鼻から出ていた音声が喉からも出るようになり、母音に喉子音が結びついた発声をします（3か月頃）。

2 育児におけるかかわり方と配慮

《健康と室内環境》
●健康づくり
- 赤ちゃんの健康状態や室内外の温度・湿度に合わせて衣服の調節をしましょう。温度の変化に弱く体温の失調（発熱・低体温）を起こしたり、新陳代謝の異常を起こし易いので、室温は27度～28度が適温です。湿度にも気をつけ、保温と保湿に努めましょう。
- 沐浴時は、健康状態を把握し実施前に検温を行います。不安感を持たせ

首がすわるまで（0か月～3か月） 第2章

ないようガーゼで身体を覆い、初めは石鹸を使わず短時間にしましょう。首のくびれをはじめ、身体のくびれ部分に汗や皮脂が溜まり汚れ易いので丁寧に洗います。沐浴後は、必ず白湯などで水分補給を行います。

● 室内環境
・保育室や受け入れ室は、清潔感のある家庭的な雰囲気作りを心がけましょう。
・音に対して敏感なので（モロー反射など）、大きな音をたてて不安感をつのらせないようにします。また、優しく穏やかな声で語りかけましょう。
・採光に気をつけ、柔らかい陽射しを取り入れていきます。
・赤ちゃんは、病気に対する防衛機能が未発達なので、病気にかかると急激に悪化することもあります。衛生面に留意しよく観察をしていきます。

《生活リズムの作り方》
● 授　乳
・母乳の量は個人差が大きいものです。母乳が続けられるように母親を励ましていきましょう。体重の増えが少ない場合でも少しずつでも増えていれば心配することはありません。栄養士や看護師に相談し必要ならミルクを足していきましょう。冷凍母乳の管理は栄養士や看護師が行うようにします。1回の授乳時（または搾乳時）に左右の乳房を交互にバランスよく行っていきましょう。母乳が乳房内に滞留することを少なくし、乳腺炎などの予防になります。そのような留意点などについて母親にアドバイスしましょう。
・吸う力が強くミルクの量が多くなり過ぎる傾向がある場合は、乳首のサイズをSサイズにするなど、赤ちゃんが一定量で満足感が得られるようにします。また、飲み終えた後だらだらと溢乳が続く場合は、その子の胃の容量以上に飲んでいる場合もあるので、ミルクの量を少しずつ減らして様子をみるとよいでしょう。
・飲んだ直後に勢いよく吐いたりすることなどが続く場合には、医療機関を受診してみましょう。
・授乳は抱いて微笑みかけたり優しく語りかけたりして、ゆったりとした

Column

首がすわるまでの赤ちゃんの抱き方は？

☆赤ちゃんの体を水平にして、必ず首と頭を支えてあげましょう！☆

　首がすわる前の赤ちゃんは、体の中で一番重い頭を支えるだけの筋肉や骨がまだ十分育っていません。首がすわる前から縦抱きにすると、重い頭や胴体を支えようとして、未熟な腹筋や背筋に力が入り過ぎて体が緊張します。この緊張を続けていると、体に「反り」や硬さとなって現われることがあります。赤ちゃんの発達にそくした抱き方をすることが大切です。

気持ちで行いましょう。
・授乳後は必ず排気をさせましょう（背中を下から上へと優しくなで上げるようにします）。

●睡眠時の配慮
・3か月に入る頃からは、朝早く起きて活動し、栄養をとり、夜早く眠り、夜中ぐっすり眠る自然のリズムで過ごせるようにしていきます。
・静かな環境を作り、十分に眠れるようにします。眠っているからと目を離さずに、30分に1回は睡眠時の状態（溢乳などによる窒息などの異常）を十分に観察しましょう。
・仰向け姿勢で寝かせることによって、睡眠中の窒息や乳幼児突然死症候群（SIDS）を予防するよう心がけましょう。
・自分で自在に寝返りが打てるようになるまでは、仰向け姿勢で寝かせ、睡眠中の窒息などを予防します。
・寝返りができるようになるまでの赤ちゃんは、同じ向きで寝ることが多いので、バスタオルなどを丸めて作ったロールクッションなどをあて、時々もう一方の向きに寝かせて左右の対称性を高めていきましょう。
・赤ちゃんが目覚めた時には、必ず名前を呼んで抱き上げ、目を見て優し

く語りかけ、心身とも目覚めさせて生活にアクセントをつけてあげましょう。

●睡眠時チェック
・保育園などの集団の場では、必ず保育者がそばにつき、機器の使用の有無にかかわらず子どもの様子を見守りましょう。保育室の照明は、睡眠時の子どもの顔色を観察できるくらいの明るさに保ちます。子ども一人一人の睡眠時チェックをし、0、1歳児は5分、2歳児は10分に1回の間隔で行いその都度記録します。子どもの呼吸、体位、睡眠状態を点検する等、きめ細かい観察が必要です。また、睡眠時チェックをする担当も明確にしておきましょう。

　保護者とのコミュニケーションも大切です。預け始めの時期や体調不良のあとには特に注意をして、家庭での子どもの様子、睡眠時の癖、体調などを保護者から聴き取るとともに、保育園での子どもの様子もきめ細やかに報告しましょう。

●排泄（オムツ交換）
・オムツが汚れたら、目を見て優しく語りかけながら取り換え、赤ちゃんがきれいになった心地よさを感じることができるようにします。
・交換時は、腰の下に大人の手を入れてお尻を持ち上げ、赤ちゃんが自ら足を上げやすくなるようにします。
・きれいなオムツを広げてお尻の下に敷いてから、汚れたオムツを取り外すようにします。集団保育の場合には、赤ちゃんのお尻が、共有で使用する交換マットに直接触れないようにして衛生を保っていきましょう。

Column

夜のオムツ交換は？

☆夜は、十分に眠ることを優先しましょう☆

夜間に何度も目覚めてしまうK君（6か月）。産休あけで入園してきており、日中のリズムはできて来ていました。ところが、夜間に目覚める回数が多くそのたびに遊び出してしまうとのことでした。お母さんにK君が目覚めるきっかけを尋ねてみると、オムツが濡れるたびに取り換えているとのことでした。

オムツが濡れたら不快でしょうし、取り換えてあげるのは大切ですが、睡眠中は睡眠を優先に考え、目覚めた時に交換するので十分です。また、紙オムツの性能も改良されていますので、夜間には利用してみるのもよいでしょう。

3　あそびへのかかわり方と援助

《腹這いの始まり》

- 2か月頃から、機嫌や体調のよい時に、腹這いの姿勢を取り入れていきましょう。1日に1〜2回（1回に5分前後）から始めます。身体が支え易い畳やカーペットなど、硬い所で行い、嫌がる場合は無理をしないようにしましょう。
- 赤ちゃんが顔をしっかり上げて姿勢を保てるよう保育者が前方に玩具を置いてあげたり、声をかけてあやしてあげると、赤ちゃんも顔を上げて前を捉えようとします。

　赤ちゃんを腹這い姿勢にしている時は、大人は、赤ちゃんが溢乳や嘔吐物等や敷物等で口や鼻がふさがらないように見守り、気をつけましょう。

- 腹這いの姿勢にして、赤ちゃんの胸で上半身を支える時には、バスタオル等を丸めて作った細長いロールクッションを胸の下に入れてあげて、上半身を支え易くなるようにします。

首がすわるまで（0か月～3か月） 第2章

《見るあそび》

- 玩具を振って見せる時は、正中線上で見せ、玩具を目で捉えられたことを確かめてから、ゆっくりと左右、上下に移動して見せます。追視が途切れないか確認しながら、動かして見せましょう。
- 赤ちゃんが仰向けの姿勢の時、吊り玩具は赤ちゃんが目で捉えやすいよう、赤い球や輪を胸元から約30cm上方のところに吊るします。

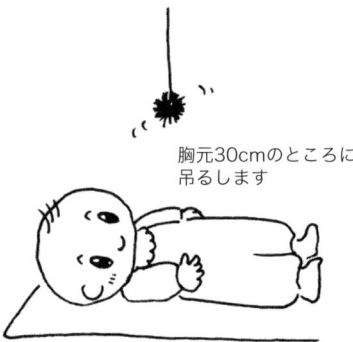
胸元30cmのところに吊るします

- 胸の上で手をかざして遊ぶようになると、吊り玩具は不要になります。
- 見慣れた顔とそうでない顔が分かりかけてくるので、できるだけ同じ保育者が育児にあたります。
- 3か月頃、首がすわってきたら、1日に1～2回5分くらいずつ、保育者が正坐した膝の上に向こう向きに坐らせて、子どもの腰から太腿にかけての所を持って身体を支え、遊んでいる友だちの様子を見せていきます。時々、保育者の胸から赤ちゃんの背筋を離して身体を支え、背筋ができるだけ真っ直ぐになるようにして、赤ちゃんが顔を上げて前方を見やすくなるようにします。

《握るあそび》

- 手に握るものとしては手のひら全体に入るものがよく、手のひらを時々撫でたり押したりして刺激をしていきましょう。
- 親指が開いてきたら、握り玩具を持たせていきます。

赤ちゃんにとって柔らかく優しい生活音と光は栄養！

☆音や光の刺激を感じて、筋肉は育つ☆

　Ａちゃん（男児）は、入園して来た時に身体は標準より大きく育っていたのですが、筋肉が育っていないために、全身が柔らかくてぐにゃぐにゃとしていました。「生後間もない赤ちゃんには、静かな環境が大切」と考えたお母さんは、保育園に入園するまでの４か月間足音も立てず、テレビの音量も小さくし、お父さんとの会話も赤ちゃんの部屋から離れた別室で小声で行っていたとのこと。Ａちゃんは授乳やオムツ交換以外は、ほとんど無音の世界で育てられたことがわかりました。

　入園後たくさん語りかけたり、全身のマッサージや赤ちゃん体操などの働きかけを多く行い、筋肉が育つように働きかけていきました。歩き始めは１歳６か月とゆっくりめでしたが、その後は順調に育っていきました。

　難聴のＢちゃん（女児）に、やはり同じ状態が見られました。６か月で補聴器をつけて耳に音の刺激が届くようになると、みるみる身体に筋肉が育ち、身体がしっかりとしてきました。

　赤ちゃんにとって静かな環境は必要ですが、柔らかな日常の生活音も大切だということがわかりました。さらに、特にお母さんやお父さん、そして保育者からの語りかけの声が赤ちゃんの体づくりを支えていることがよくわかりました。

第2章 首がすわるまで（0か月〜3か月）

4 玩具

　玩具の素材や材質は、留意して選びましょう。特に、なめると環境ホルモンが溶け出す塩化ビニール製等の物は避けます。大きさも、直径が3.5cm以下の物は、誤って飲み込んで窒息等を招いたりするので避けましょう。

●横向きで見えるもの

・回転木馬　　　　　・ロディ　　　　　・起き上がりこぼし　など

●吊り玩具

　赤など明るくはっきりした色のもの。2か月までは1個を吊るし、追視が始まったら数を増やしていきましょう。

・赤い毛糸玉（手作り）　　・赤い吊り輪（手作り）　　・ケルンボール　など

 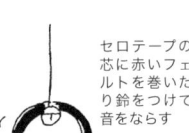 

セロテープの芯に赤いフェルトを巻いたり鈴をつけて音をならす

●握り玩具（軽くて明るい色）

　握り玩具は、軽くて握りやすく柔らかい音の出るもの、明るい色彩のもの、丈夫で清潔の保てるものを選びます。

・シリコンチューブ（細）　　・チャコ　　　　・ガラガラ　など

● 優しい音の出るもの（大人が聴かせるもの）
　　・オルゴール　　　　・ドリオ　など

● 大人があやして遊ぶ（平面の顔）

● 人間そのもの
　まわりの身近な人たち、そして赤ちゃん自身が、赤ちゃんにとって最高の「おもちゃ」です。
　人との温かいかかわりあいの中で、おもちゃあそびを楽しめるようにしていきましょう。

第3章
寝返りの始まり
【4か月～6か月】

　仰向けの世界から「寝返り」ができるようになることで、体全体で積極的に正面をとらえ始めます。泣いていても、お母さんを支えにして笑顔に戻るなど、感情面でも立ち直りが見られるようになります。自分からお母さんにほほえみかけてくれるようになって、さらに成長を実感できるでしょう。

1 全身発達

《生理的機能の発達》
・体重は生まれた時の約2倍になります。
・体温調節は安定し始めますが、まだ周りの温度の影響を受けやすいため室温に気をつけましょう。
・眠っている時と目覚めている時がはっきり分かれ、昼夜の区別がつき始めて生活のリズムが一定になってきます。
・胃の入口がしっかりし溢乳が減ってきます。また、母乳やミルクの量や時間がほぼ決まってきて、舌の前後運動に顎の運動を連動させ、上手に飲むようになります。
・味覚が芽ばえ始め、味の違いが分かり始めます。まばたきができ、涙の量が増えて頬を伝ってあふれます。口の周りに、カニのあぶくのような、宝石のようなきれいな泡を出します。

《運動機能の発達》
・腹這いにすると、肘で上半身を支えることができるようになってきます。

- 親指が外側に出て、玩具を持たせると握ることができ、取ろうとすると引き戻します。
- 物が指先にふれるとそれを見て、指を広げて両手で取ります。
- 手で膝や足に触って対称姿勢をとり、手が肩より上に上がり始めます。
- 目と手の協応が始まり、見たものにそちら側の手を伸ばすようになります。
- 引き起こしに頭が遅れないで上がり、両足も対称的に腹部に引き寄せるようになります。

《感覚機能の発達》
- 瞳の色が変わり始め、「見つけた」という表情がでてきます。左右、上下各180度の可逆追視ができ、2m離れているごく小さいものでも見つけることができ始めます。
- 保育者が薄い布などで赤ちゃんの視野を覆うことを繰り返すと喜びます。
- 唇を閉じて音を出せるようになり、音節の繰り返しが始まります。裸にすると発声が増え、抱いたり支坐位にすると発声が減少します。音の高低がわかるようになります。
- 身近な人の顔がわかり、あやされるとキャッキャッと声を出してはしゃぎ、初期の人見知りが始まります。平面的な顔の絵などには笑わなくなります（社会的笑顔の芽生え）。

★発達観察のポイント★

　生後4か月の発達観察では、①乳児期前半の力が充実してきているか、②乳児期後半への飛躍（生後6～7か月頃）のための「新しい発達の力」が芽生えているか、この2点を観察することが重要となります。その上で、お母さんと懇談し、思いを受けとめながら、育児で気をつけることを確認しあいます。

　赤ちゃんの感覚や運動の面については、まず〈仰向け〉、次に〈支え坐り〉での発達観察を行います。

　(1) 仰向けでの観察

第3章 寝返りの始まり（4か月～6か月）

- 首のすわりを確認します。4か月になっても、頭がぐらぐらとしたり、引き起こしに頭が後に残っている場合には、その後の経過を注意深く観察します。
- 相手や指標をしっかりと注視するか。例えば赤い輪などを提示されたときに、すぐに見つけて、瞳に「みつけた！」といったような輝きが出ているか。左右へ動く指標を追視するか。

(2) 支え坐りでの観察

- 赤ちゃんを支え坐りにして、正中線上を基点に、保育者が左右に物を動かして見せた時に、赤ちゃんの視線が途中で途切れていないかを観察し、途切れる場合は、その後の経過を注意深く観察していきます。
- 膝の上で支え坐りにした時、左右両方の物を見ることができるかどうか。それによって左右の脳の発達が同水準になっているかどうかがわかります。

【参考文献】 田中昌人・田中杉恵・有田知行（写真）
「子どもの発達と診断1 乳児期前半」大月書店、1981.

2 育児におけるかかわり方と配慮

《健康と室内環境》

●健康づくり

- 衣服を調節し、着せ過ぎに気をつけます。時々背中に手を入れて汗ばんでいないか確かめるとよいでしょう。寒さに気をつけながらも冷暖房を使い過ぎないようにして、自然の気温の中で体温調節の力を養っていきます。
- 沐浴は、新陳代謝の激しいこの時期の赤ちゃんの皮膚を清潔に保ち生活にメリハリをつけるためにも大切です。健康状態を十分把握しながら継続して取り組みましょう。授乳後1時間は避けるようにしましょう。
- 裸にした時には、支え寝返りを行い、仰向けからうつぶせに姿勢を立ち

直らせていく力を高めていきましょう。
・予防接種については多様な意見や情報があります。戦後、ジフテリアや種痘及び1989～1993年のMMR（はしか、おたふく風邪、風疹）ワクチン事件など、副作用による健康被害を多発させたワクチンも少なくありませんので、接種を勧奨する前にワクチンの安全性・有効性・必要性に関する基本的な重要情報を保護者に提供していくとよいでしょう。

【参考文献及び資料】
1) ワクチントーク全国（編）「予防接種へ行く前に－受けるこどもの側にたって」ジャパンマシニスト、2004.
2) 母里啓子「インフルエンザ・ワクチンは打たないで！」双葉社、2007.
3) 日本消費者連盟（http://www.nishoren.org/）
4) カンガエルーネット（http://www.kangaeroo.net/）

●室内環境
・ほふくコーナーに一人ひとりのプレイマットの場所を一定にして敷きます。子どもは毎日、同じ場所で遊んだり授乳をしてもらう繰り返しの中で自分の「場」を認識し、安定感を高め、時間の流れや物事の順序性の認識につながる基盤を育んでいきます。

一人ひとりのプレイマット

・腹這い姿勢で溢乳やよだれが多くなるので、プレイマットのカバーを多く用意し、こまめに取り換えます。
・必要に応じて、クッションを用意して腹這いやお坐りを援助していきましょう。

《生活リズムの作り方》
●離乳食を始めるまで
・身近な人や新しい人の顔がわかるようになる時期なので、育児の時には、担当の保育者を決めて、同じ人が同じ声で同じ働きができるようにしていきましょう。

- 5〜6か月頃より離乳食を開始しましょう。離乳食を始めるめやすは、①唾液の分泌が増え、よだれがたくさん出る。②首のすわりがしっかりして、支えると坐れる。③体重が7kg前後になる。④食べ物に興味を示す。⑤スプーンを口に持っていっても舌で押しだす動きが弱くなる、といったことが開始の合図です。また、哺乳の状態や口の発達、全身の状態を保育者・栄養士・看護師で総合的に判断し、保護者指導を行います。
- 離乳開始はアレルギーの心配が少ないおかゆから始めます。新しい食品を始める時はスプーンに少量とって食べさせ、様子を見ながら量を増やしていきます。
- 慣れてきたら、じゃがいもや野菜、果物、さらに慣れてきたら豆腐や白身魚など種類を増やしていきます。新しい食品を保育園で取り入れていく時にはまず、家庭で試してもらいましょう。赤ちゃんの機嫌のよい時間帯に食べさせ、万が一アレルギー症状が出た場合はすぐに病院を受診します。なお、蜂蜜は乳児ボツリヌス症を発症することがあるため、満1歳までは与えないようにしましょう。
- 嚥下反射を刺激し、赤ちゃんが自ら飲み込みやすくするために、赤ちゃんの舌が床と平行になるように膝の上に抱いて食べさせます。口元が見えるように、また腹部を圧迫しないように抱き方に気をつけましょう。

●排泄（オムツ交換）

- 赤ちゃんが玩具を握れるようになったら、オムツの交換時に足首を握らせ、自ら換えてもらおうとする気持ちを高めていきます。
- 交換を終えたら、保育者の親指を握らせ、赤ちゃんの両手首を支えながら赤ちゃんが起きようとする力を引き出すようにして引き起こしをしましょう。

●睡　眠

- 4か月前後から朝7時頃に目覚めて日中に2〜3回眠り、夜8時頃に眠るようになります。そのような生活リズムが整いにくい時には朝7時までに起こすとリズムが整いやすいことを伝えていきましょう。
- 日中の1回の眠りが短くなったり浅くなったりするので、芯から眠く

なった時にベッドに寝かせ、保育者がそばで見守りながら安心して十分に眠れるようにしましょう。
・十分眠って目覚めたら、心も体も目覚めさせます。まず正面で顔を見合わせて名前を呼んであやしかけましょう。そして布団から出して着がえさせます。部屋には柔らかな明るい光を外から取り入れて、体内時計のスイッチをオンにしていくことができるように援助します。その後、一度支え坐りをさせて目覚めの姿勢をとらせ、あそびに誘っていきます。支え坐りをさせることで、赤ちゃんが自分の身体を背筋で支えようとする立ち直り反射が働き、身体が芯から目覚めることができます。
・目覚めている時には、上下に分かれた服装にし、手足が外気に触れ活発に身体が動かせるようにしましょう。
・家庭でも保育園でも1日の生活の中に節目を作り、それによって赤ちゃんが周りの世界の変化を感じ取り、自分自身の生理的状態や行動を切り換えていけるようにしていきます。

3　あそびへのかかわり方と援助

《腹這いから寝返りへ》

・機嫌のよい時に支え寝返りを行い、芽ばえてきている立ち直りの力を充実させていきます。最初は一度くらいから始め、子どもの状態に合わせて回数を増やしていきます。

　仰向けの赤ちゃんに保育者が正面から話しかけ、子どもが微笑みを向けてきたら支え寝返りを始めます。寝返る方向に手を伸ばしてリラックスさせ、玩具などを示して、取りたい気持ちを高めていきます。

　それから、上になる方の足を曲げておなかにつけるようにして、ゆっくりと返してあげましょう。自分の力で頭を上げて肩を上げ、そして寝返ろうとしますので、そのような力が十分発揮されるよう援助していきます。

《見る・握る・なめる・噛むあそび》

・玩具を握らせる時は、正面から目を見て名前を呼び、玩具を正中線の上

(胸元の上30cm)の所で見せて注視をさせ、取ろうとする気持ちを高めてから手に持たせていきます(第3章 (p.15)の正中線の図を参照)。親指と人さし指の開き具合をよく観察し、左右の手の動きが対称性を示さない時には、玩具を両手に握らせるようにして、左右の手が同一水準になるように働きかけていきます。

・日課の中の区切りにあたるところで、子どもを腹這いや支え坐りの姿勢にして、お互いに顔を見合えるようにし、真ん中に玩具を置きます。発達を促す刺激を取り入れながら、対になった対象を認知する力を充実させていきましょう。また、赤ちゃんは視線や声で自分が見つけたものを他者に伝えようとします。保育者はそれを見逃さず、受けとめて応答を返していくようにしましょう。

・なめる、噛む、しゃぶるなどをするので、玩具は一人ひとりの物を用意し衛生を保ちましょう。玩具の清潔、安全(環境ホルモンなどを発しない素材や大きさ)にも留意しましょう。

★発達観察のポイント★

生後4～6か月の発達観察では、p.15の観察項目に加えて、全身活動では左側の世界と右側の世界の両方をとらえて左右対称の追視や寝返りの力がついてきているかどうかを観察します。

(1) うつぶせにさせたあと、保育者は正面にまわって、音のする玩具を使ってあやし、注視がしっかりとできるかどうか、また、うつぶせでも線としての追視(左－右に動くものへの追視)ができているか確かめます。一方の向きだけにならないよう、左右交互に行いましょう。

(2) 身体全体が柔らかくて、4か月になってもうつぶせの姿勢がなかなかとりにくい、頭が上がりにくいなどの場合は、発達診断や姿勢反応の検討なども含めた医学的診断を受けるようにします。

その上で、特に所見がなく、未熟さなどが把握される場合には、次のような働きかけをしていきます。

1) 1日のうち3～4回足を持って寝返りをさせます。左右交互に数回以上連続して行います。

次に、肘で支える腹這いにさせて姿勢を直し、同時に前方に玩具を置いて、それに向かって顔を上げるようにあやします。
　　胸が床についた姿勢でお尻を軽く押さえます。すると乳児は、腹部や恥骨部で体重を支えて背筋を伸ばそうとするので、その姿勢を支える筋肉を強くすることができます。
 2) ロールクッションなどを胸の下に入れ、子どもの上肢ないし上半身を乗り出させます。
　　前方に玩具を置いてそれに向かうように両手をつかせ、両脇を支えます。徐々に手に体重がかかり、手、腕、肩、背中の筋肉が強くなるようにしていきます。
(3)　寝返りを始めたら、次の点に気をつけて観察をします。
 1) 反ってひっくり返るような返り方はないか。
 2) 寝返る時に、自分で下になった方の手が抜けるかどうか。
 3) 手が抜けると腕を伸ばして腹部を上げ、胸を張り、顔をしっかり上げるか。
 4) 左右の手の指先を開いて床面を見ながら動かすかどうか。
 5) 保育者がおもちゃを示すと一方の手を出すかどうか。
　　この頃は、だれでもそれ以前に比べて屈伸運動や支持体位に緊張がよく見られる時です。しかし、その中に非対称の、あるいは全身性の異常な緊張があったり、首などに弛緩などがないか、うつぶせの姿勢を嫌がる様子はないかなどを見ます。
　　また、4か月では、親指の開きが、身体全体で随意運動がどれくらい獲得されているかを表すよい指標のひとつです。そこで手のひらから親指がなかなか離れず、動きにくいことはないか、左右差はないかを観察します。さらに、5～6か月では、左右の手指をぜんぶ開くことができるかなど、諸機能が左右で同一水準になっているかどうか、発声や活動量がそれ以前よりも増え始めているかどうかを観察します。

4 玩具

●吊り玩具（触れて音がする、動く）
- ケルンボール
- 吊り輪

●握れるもの（感触がよい、音がする、なめる）
- マラカス（直径1cmくらい）（手作り）
- みそべら（手作り）
- チャコ

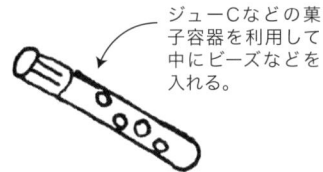

ジューCなどの菓子容器を利用して中にビーズなどを入れる。

- ドリオ
- パイル地製
- 布
- チェーンリング

●見て動きや音を楽しむ
- オルゴール
- 回転木馬
- ロディ
- 起き上がりこぼし
- コロコロ（手作り）

ガムテープの芯を利用して

牛乳パックを利用して六角形や八角形でころがりを楽しんで

缶詰の空缶を利用して

- 木製色玉

木製色玉
（6色：赤・青・黄・緑・朱色・紫）

*色玉あそび

1）遊ぶ前に

赤ちゃんの両脇の下にロールクッションを入れ腹這いにします。頭を上げて視界が広がるようにすると、赤ちゃんが追視をしやすくなります。

2) あそび方

色玉を1つ赤ちゃんの正面で見せ、目で捉えたことを確認します。

ゆっくりと1mくらい前方に向けて床の上で色玉を転がして見せます。転がす距離は2mくらいにして赤ちゃんの視界内にとどめます。

色玉が止まったら、次は赤ちゃんの方に向けてゆっくりと色玉を転がして見せます。転がる玉が速すぎると赤ちゃんの追視は途切れてしまいます。

目で色玉を追う時の赤ちゃんの瞳は輝き充実した表情になります。追視が続かなくなったら、あそびは終わりにします。

月齢が進み坐位や這い這いができるようになると、赤ちゃんが自分で色玉を転がして追い、また転がして追うあそびに広がっていきます。

Column

見ることから、あそびは始まる

赤ちゃんの遊ぶ力は、しっかりと見ることから始まります。まだ自分で身体を動かしたり玩具に手を伸ばしたりができない頃にも、目で事物を捉えじっと見ることからすでにあそびは始まっています。赤ちゃんの中にある見ようとする力や追視する力を、十分に支え高めていく大人の働きかけが大切になります。それが十分であれば、子どもが自分で玩具を手にしたり能動的に動けるようになった時に、自ら積極的に「遊べる子」になっていくでしょう。

3か月頃から、赤ちゃんは目で物を捉え往復追視ができるようになります。赤ちゃんに、玩具を見せたり、手に玩具を握らせる時は、まず赤ちゃんの顔の正面で玩具を見せましょう。そして、赤ちゃんが目で捉えたことを確かめてから、振って見せたり握らせたり、色玉やコロコロなどをゆっくりと転がして見せましょう。

その時にも、赤ちゃんが目で追視ができているかどうかをよく確かめて、追視に必要なゆっくりとした動きにすると、途中で赤ちゃんの視線が途切れることを防ぐことができます。物が停止するまで、じっくりと目で追うあそびをたくさんした赤ちゃんは、這い這いや一人で歩くことができ始めた時に、あそび上手になっていくようです。

第4章
這い這いの始まり
【6か月～7か月】

乳児期の前半から後半への大きな飛躍の時期を迎えます。生まれて初めて自分自身で垂直の姿勢（坐位）と空間の移動（這い這い）ができ始め、体を、手を、表情や声を使って周りの世界に積極的に働きかけていきます。

1 全身発達

《生理的機能の発達「脳の発達」》
・脳の重さが出生時の2倍になります。
・原始反射に対して大脳皮質による随意制御が進み、各種の原始反射のほとんどが消失の過程を辿ります。それによって赤ちゃんが周りの世界と取り結ぶ発達的な諸関係が豊かになっていきます。
・ほぼ一定した比率で睡眠脳波の各波形が全部出揃い、脳波に光駆動現象が出るようになります（眠っている赤ちゃんに規則正しい反復閃光刺激を加えると後頭部脳波に反応がみられます）。
朝の光をあびることで朝を認知するようになり、生活リズムが整う土台ができてきます。それに伴って昼間の目覚め時間が10時間に及びます。

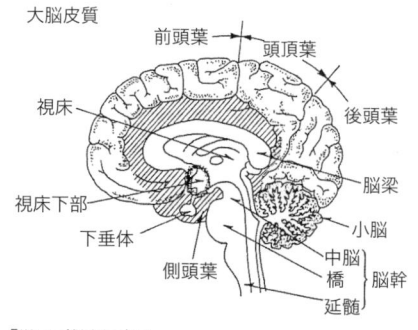

「脳の縦断面図」
【参考文献】コダーイ芸術教育研究所「乳児の保育・幼児の保育」明治図書、1990

・中脳、間脳及び小脳の神経ネットワークの形成が進むことによって、姿勢の立ち直りができ、バランスが取れて、感覚・運動系の協応も進んできます。
・大脳の成熟も新しい段階に進みます。脳の左右の機能が同水準になり、例えば左右の手による物の持ち換えや、左右に対に呈示された積木を何度も見比べることができるようになります。

《運動機能の発達》

●全身活動

・腹這いになって、手のひらで上半身を支えられるようになります。また、姿勢を制御する神経－筋の機能が高まって飛行機のような姿勢で手足を床から上げたり、うつぶせから左右に旋回したりでき始めます。しかし、まだ前には進めません。また、前方に好きな人を見つけた時には近づきたくて手足に力を入れるのですが、かえって後ずさりになって泣いたりします。その一方で、足の指にも力が入るようになってきます。
・立ち直り反応が成立し、左右どちらへも自由度の高い寝返りができます（可逆対制御）。それは四つ這い、坐位、つかまり立ちに必要な基本的な力となります。
・手足が正中線を越えて反対側まで行くようになります。
・椅子坐位ができ、足を投げ出して手を前に付いた四肢坐位から、両手を上げた二足坐位ができるようになってきます（5分程度が限界。この時期の基本姿勢ではありません）。
・両脇の下を立位で支えると足をツンツンさせ、掴まらせるとほんの暫く立てるようになります。
・唇を閉じて飲み込むことができ、乳汁以外のものを飲んだり食べたりできるようになり乳歯が生え始めます。

●手・指

・椅子に坐り、自分の方から片手で物を手に取って右→左、左→右とどちらの手からでも自由に持ち換えができるようになります（可逆対把握）。
・手を前方全方位に伸ばすことができ、物に対して片手の親指と人差し指を90度近くまで開いて接近させます。両手に持ち続けることはまだ苦手です。

第4章 這い這いの始まり（6か月～7か月）

- 5本の指をモミジのように全部開いて目標となる物に近づけて把握します。把握した物を自分から放すこともでき始めますが、随意的に放すのではなく、離れてしまう、放してしまうといった特徴を示します。
- 視野を覆っている布をどちらかの手で取れるようになり、声を上げて喜びます。

《認知機能の発達と感情の分化》

- 姿勢、全身運動、手指の操作の面で「立ち直る力」が充実してきます。そして赤ちゃんと人との交流の面でも人見知りをしますが援助があればもう一度相手を見るといった気持ちの立ち直りが見られます（可逆対交流）。
- 左右に対に提示された積木を交互に繰り返し見比べます（可逆対追視）。
- 自分が欲しいものがあるとき、そのことを視線や発声や表情の変化で表現します。椅子坐位にすると人見知りが緩和されます。姿勢を立て直し、体を支えようとすることが気持ちの立ち直りにつながります。
- 喃語が始まります。音節を連ね、強弱・高低をつけて喃語を発するようになります。

★発達観察のポイント★

　生後6～7か月の発達観察では、①発達の全局面で「可逆対操作」と「立ち直る力」が充実してきているか、②「自発的・能動的に自己を表現する力」に弱さはないか。そして③自分の思いを相手に伝えて「交流する力」が十分に形成され展開されているか、に重点をおいて観察します。

　また、下記のような様子が見られたときは、小児神経学的診査を含む精密検査を行い、専門家の指導の下、適切な援助や働きかけをしていく必要があります。

1) 体全体が軟らかく、仰向けで正中線上の両手合わせ、両足合わせができない。また、手で足首を持っての引き寄せができない。
2) 逆に体が硬くて保育者が援助し促してもできない。
3) うつぶせにすると重心を胸において、手、肩を後ろに引いてしまって支えられない。坐位にすると背骨や腰が曲がって顎が出るなどの軟らかさがある。

2 育児におけるかかわり方と配慮

《健康と室内環境》

●健康づくり

・外気浴や気分転換をかねて、積極的に戸外に散歩に出かけましょう。また、赤ちゃん体操を行い、必要な発達的抵抗を加えていきましょう。

・この時期は子どもの母体免疫が切れて感染症に罹りやすくなる月齢なので、日常の健康状態の観察を十分に行い、変化が見られた時には適切に対応しましょう。第1子の場合は、母親にとって初めての育児であり、受診のタイミングなどもわからず、病状を悪化させてしまうこともあります。必要と思った場合は受診をすすめ、早めに対処できるよう援助していきましょう。

・病気のとき（発熱、下痢、嘔吐など）の対応情報を細かく伝えていくようにします。例えば、①発熱だけではなく下痢の場合にも感染症の場合があり、脱水症状を起こすと危険な状態に陥ること。②体力を消耗するため、適切な水分補給と安静を必要とすること。③下痢の時の具体的な食事についてなどです。

・集団保育では玩具や日用品などの洗浄をこまめに行い、なめる玩具などは共有を避け、個人専用の玩具を用意します。特にウイルス性の疾患が出た場合は相互感染を防ぐために消毒をする必要があります。ただし、日常生活の場面では、衛生面だけを考えて殺菌、消毒をし過ぎると赤ちゃんが自己免疫力を自らつけていく機会を減らすことになります。また、雑菌が過度に減ってしまい、かえって病原菌が繁殖しやすくなりますので殺菌や消毒は適度に必要な時に行うようにしましょう。

・子どもの動きが活発になるので、上下分かれた活動しやすい服装にしましょう。厚着にならぬよう、大人よりも1枚薄くすることを目安にします。保護者には具体例を示していくと準備しやすくなります。

・沐浴は子どもの健康状態を十分に把握してから行います。季節や子どもの状態に配慮しながら清潔を保ち、生活にメリハリをつけていくためにも継続していきましょう。

●室内環境
・人見知りが始まる時期なので不必要な人の出入りは避け、赤ちゃんが安心して過ごせる環境を整えていきます。
・新しい人と向き合うときは、親しい人に抱かれていることで相手の顔を何度も見返し相手の働きかけを受け入れていくことができます。また、短時間椅子坐位の姿勢をとらせることによって、姿勢の立ち直りとともに手で玩具を取りに行くことができ、自らの気持ちを整えます。
・這い這いが始まる時期です。低い位置に玩具を配置し、自分で取りに行きたいという気持ちを持たせていきましょう。這い這いを援助するため室内の床のスペースを広くしていきます。
・何でも口に持っていく時期なので、破損した玩具に気をつけるとともに床の小さいゴミにも注意していきます（大きさが3.5cm以下の玩具は飲み込みの危険があるので避けましょう）。

《生活リズム》
・夜9時に眠って朝7時には起きるリズムを作るためには、朝早く起きるように促すとよいでしょう。また、夜のリズムが保てるように、昼のリズムを整えていきます。午睡が長過ぎないように調整したり、日中戸外に出て外気浴をし、体がほどよく疲れて心地よく夜の睡眠に入っていけるようにするなど、日課の中に外気浴を意識して取り入れていきます。

● 離乳食の始まり
・離乳食が始まる時期です。子どもの状態を見て栄養士と相談し総合的に検討して開始時期を決めていきます。授乳のリズムが3時間半〜4時間になっているか、支え坐りができているか、唇を閉じ、舌を前後に動かし、舌を使って食べ物を喉に送り込めているかを見ていきましょう。食材の固さはポタージュ状です。
・アレルギーの心配がある場合にはかかりつけの医師と相談しながら進めていくようにします。
・食べさせ方は、保育者の膝の上で支え坐りにして、スプーンを下唇の上に半分のせ、上唇で食べ物を取り込めるようにします。取り込んだら唇を閉じたまま顎を上下に動かすことを知らせ（大人がやってみせる）、舌で押しつぶして食べられるようにしましょう。取り込み方を知らせていくには、スプーンの溝の浅いものか、もしくは平らなものがよいでしょう。

Column

離乳食と母乳

母乳育児を進めてきたお母さんから、離乳食の進みが悪いとよく相談を受けます。母乳の与え方によっては離乳食の進行を妨げてしまうことがあります。ミルクに比べ母乳の場合、子どもが泣いた時についついすぐに飲ませてしまう傾向があるようです。そのことによって授乳のリズムが作りにくく、リズムができていないまま離乳食が開始されている場合があります。

本来、3時間から4時間の授乳間隔が空くようになって離乳食を開始できるとよいのですが、リズムができていないと食間があかず空腹感が無いまま食事に向かうことになります。空腹感が無いため食事に対する意欲が見られません。ではどうしたらよいのでしょうか？

離乳食が開始されたら、日中は食事を中心に考え、母乳やミルクは食事の補いとして、離乳食のあとに与えるようにしていきましょう。ぐずった時などは抱っこして安心させたり、あそびに誘うことで食事のリズムもでき、見違えるほど食欲が出てきます。

第4章　這い這いの始まり（6か月〜7か月）

●排　泄
・おむつ交換の際には声をかけ、子どもがおむつを替えてもらうことをわかるようにします。また、交換した心地よさも大人が言葉にして伝えていきましょう。
・子どもの腰の下に手を差し入れて上げ、上に上がった両足を赤ちゃんが自分で持つようにすることで、自ら交換してもらう気持ちを育てていくようにしましょう（大人が足を持ち上げてしまうのではないことを意識します）。
・交換を嫌がり寝返りをしたり、泣き出す子などに対しては、保育者が優しく声をかけたり歌を歌ったりして気持ちを落ち着かせ、気分転換をはかってから交換します。語りかけは必ず子どもの目を見ながら行うことが大切です。
・子どもを追いかけながらの交換を習慣にしないようにしましょう。また、玩具を手に持たせたまま交換することや、吊り玩具などで気を引きながらの交換も好ましくありません。オムツ交換は排泄習慣の基礎であることを意識しあそびの場ではないことを確認しあいましょう。

●睡　眠
・日中の睡眠が減ってくるとともに、眠りが浅くなり始めるので、十分に眠れるような静かな環境を保つよう心掛けましょう。
・一時的に昼間の睡眠が30分前後で起きてしまうような時期がありますが、なるべく再眠を促し十分に眠れるようにします。

3　あそびの援助

・目で見たものに手を伸ばし取ることができるようになり、手と口を使って触れたり、噛んだり、なめたりする探索が活発になります。感触の異なった（滑らか、ザラザラ、硬い、柔らかい、チクチク等）物を用意し探索活動を充実させていきましょう。ただし、用意するものは安全で清潔を保てるものとします。
・投足坐位（足を前に投げ出して坐る）が安定した姿勢で取れるようになったら、坐位にして、手と手、手と口、目と手を自らが使いやすくします。坐位がまだ不安定ならば、後ろや横に転倒しないよう、腰の高さのクッションを置きます。

- この時期はまだ自由に体位を変えられる自由な坐位ではないので、坐位と腹這いとのバランスを図りながら遊ばせていきましょう。坐位を長くしすぎると腰に負担がかかってしまうので気をつけます。また、高い視界に慣れてしまうと腹這いの姿勢を嫌がることにもつながるので注意します。

● 這い這いを豊かに
- 赤ちゃんを腹這いにし、30cm前方に音の出る玩具や好きなぬいぐるみなどを置き、移動して取ろうとする気持ちを充実させていきましょう。この時に両足の裏を水平に押し、保育者が赤ちゃんの膝を曲げ、伸びようとする力を発揮させ、膝が伸びて前進した経験を積み、ほふく前進の力を蓄えていきます。

  腹這いを嫌がる子、坐位を好む子に対しては、機嫌のよい時に腹這いの姿勢で遊ぶ経験をさせていきましょう。背筋が弱く上半身が起き上がらない子には、胸の下にロールクッションなどをあて、腹這いで両手を使ったあそびを行います。斜面に腹這いにして抵抗を少なくし慣れさせていくのもよいでしょう。

● いないいないばぁ
- 鏡や布を使った"いないいないばぁ"などをし、対の対象の認知や、視野の遮りを楽しませていきます。
- 箱や容器、手のひらに入るくらいの積木、お手玉、ミニボール、布などを用意し、両手を使った物の出し入れを十分に行えるようにします。

Column

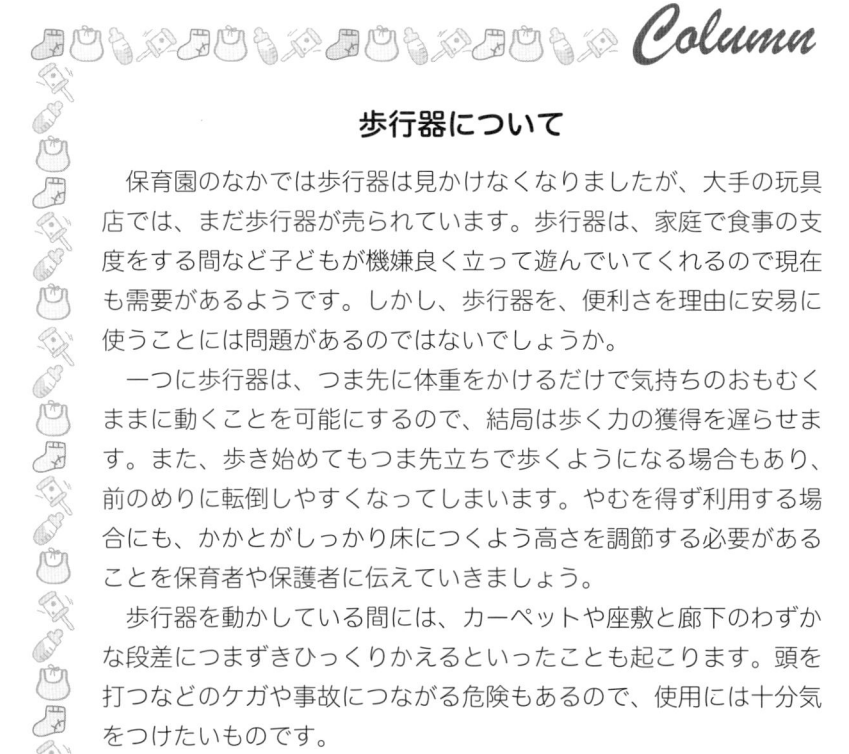

歩行器について

　保育園のなかでは歩行器は見かけなくなりましたが、大手の玩具店では、まだ歩行器が売られています。歩行器は、家庭で食事の支度をする間など子どもが機嫌良く立って遊んでいてくれるので現在も需要があるようです。しかし、歩行器を、便利さを理由に安易に使うことには問題があるのではないでしょうか。

　一つに歩行器は、つま先に体重をかけるだけで気持ちのおもむくままに動くことを可能にするので、結局は歩く力の獲得を遅らせます。また、歩き始めてもつま先立ちで歩くようになる場合もあり、前のめりに転倒しやすくなってしまいます。やむを得ず利用する場合にも、かかとがしっかり床につくよう高さを調節する必要があることを保育者や保護者に伝えていきましょう。

　歩行器を動かしている間には、カーペットや座敷と廊下のわずかな段差につまずきひっくりかえるといったことも起こります。頭を打つなどのケガや事故につながる危険もあるので、使用には十分気をつけたいものです。

Column

季節の違い

　生後4～5か月までを冬季に過ごした子に比べると、活動しやすい夏季に過ごした子とでは、運動面で2か月くらいの違いが出て早めに這い這いができ始めることが報告されています。また、それに伴って情緒面の発達（人見知り）が先行したりすることもあります。単純に運動が遅れているとか、不安定であるなどと決めてしまわないようにしましょう。

4 玩具

●吊り玩具（握る、動かす）

・ケルンボール（横棒につけたもの）　　・ジャンボビーズ

・鈴付き吊り輪（第2章「赤い吊り輪」参照）

●動かして音を楽しむ玩具

・チャコ、みそべら（手作り：でんでん太鼓風）チェーンリング、コロコロ、マラカス
・プッシュBOX（手作り：こわれた玩具の部品をリサイクルして作ります）

●感触を知らせる玩具

・シャーリングパイル、色々な感触の布、ゴムネット、ゴム吸盤、ヘチマ、お手玉、たわし
・歯固め（プラスチック、木製、ゴム）

＊布でのあそび方

　色々な感触の布（タオル地、サテン地、綿布地、パイル地など）を、同じ大きさに切ったものをつないでおきます（10cm×10cmくらい）。手でひきよせながらその感触の違いを楽しんだり、お坐りが安定してきたら、ミルク缶の中に入れてあげ引きだして遊

べるようにしていきます。

＊お手玉のあそび方

　お手玉は握って感触を楽しんだり、保育者が頭にのせておじぎをしながら落としてみせたりします。♪あたまにの〜せ〜て〜♪"すとん！"と抑揚をつけて遊んで見せると、喜んで見ています。赤ちゃんの頭にものせてあげるとやがてそれを取ろうとするようになり、肘を肩より上にあげる動きも引きだしていけます。

・感触ボード（手作り）

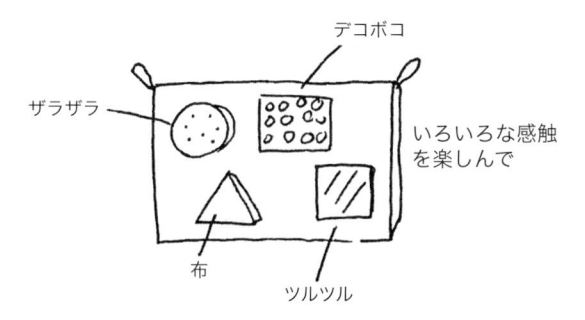

　　　　デコボコ
ザラザラ
　　　　　　　　　　いろいろな感触
　　　　　　　　　　を楽しんで
　　　布　ツルツル

●動かして追視を楽しむ玩具
・回転木馬、起き上がりこぼし、ロディ、木製色玉、引き玩具、コロコロ
●保育者の口の動き（レロレロなどの唇あそび）
●鏡

第5章
這い這いの充実
【8か月～9か月】

　赤ちゃんはいよいよ乳児期後半の第2段階に入り始めます。全身活動では這い這いがずり這いから四つ這いに発展し、移動の自由が確定してきます。さらに這い這いから坐位へと姿勢の転換ができるようになっていきます。それに伴って、左右の手指を操作して物を持つことが確実になり、手による物の操作の自由が確定してきます。また、要求や意味を持った音声が出始めたり、大人の模倣をする仕草が見られ始めます。

1 全身発達

《生理的機能の発達》
- 生理的自立がこれまで以上に進んできます。乳歯が生え、母体免疫から自己免疫への切り換えが完了していく時期です。
- 大脳皮質の神経回路網の形成が進み、運動制御がさらに随意的になって、平衡反応が見られるようになります（第4章「脳のイラスト」参照）。
- 移動にも手の操作にも、四肢を左右交互や同時に協調させて使っていきます。
- 唇をしっかり閉じ、離乳食を舌の上下運動と顎の上下運動で潰して食べます。

《運動機能の発達》
●全身活動
- 這い這いが左右対称の動きになります。

- ずり這いから爪先に力を入れて踏ん張り、お腹を持ち上げ、四つ這いで進むなど姿勢を変えて移動する様子が見られます。
- 8か月後半からつかまり坐りを経て、一人で坐れるようになり、姿勢を保つために必要だった手の力が要らなくなり、坐った姿勢でも両手が自由に使えるようになります。

●手・指
- 立体的な物を親指と中指の二本でつまむ時に、人さし指が加わり三本の指で物をつまむようになります。
- 手に持った物を正面で別の物に打ちつけたり、次の目標を捉えてまた別の物に打ちつけたりし始めます。
- 自分から左右の手に1つずつ積木などを持つことができ始めます（「関係づくりの結び目」を2つ結べます）。さらに、それらの積木を自分から随意的に放すことができるようになり、それによってその手で新たな別の対象を探索することが可能になります。多様な別の対象を探索し発見していくことを通じて、赤ちゃんは認知機能と感情機能を豊かにしていきます。

《認知機能の発達と感情の分化》
- 意志や要求をともなう運動や操作が発達し、対人関係において音声や感情の分化が盛んになります。
- 「8か月不安」と言われる姿が出てきて、大人の後追いをしたり、夜泣きが見られるようになります（p.38のコラム参照）。
- 「マンマンマン」「ナンナンナン」など要求や意味を伴った「志向の音声」が出始めます。話しかけるとそれに応じて断続する音声で受け答えをしたりし始めます。また、見つけた物や人を指さす「志向の指さし」も見られるようになります。
- バイバイをすると手を出して振るような仕草をするなど、「志向の模倣」が始まってきます。
- 叱られたことがわかり始めます。

2　育児におけるかかわり方と配慮

《健康と室内環境》

●健康づくり

・感染症に罹患し、発熱などの症状が出やすい時期ですので、玩具の基本的な衛生消毒、点検、床清掃をまめに行うとともに、保育者の手洗いを十分に行いましょう（ただし、雑菌を減らし過ぎるとかえって病原性のある細菌やウイルスが繁殖しやすくなり感染症が起こりやすくなります。また過度の殺菌は、乳児自身の抵抗力、免疫力の形成を抑えることにもなるので、適度な雑菌を経験させることも必要なことです）。
・看護師から母親に対して、病気の基礎知識や予防法などについて保健指導を行っていくとよいでしょう。

●室内環境

・赤ちゃんが十分に這うことのできる空間を作っていきましょう。玩具も自分で手にとりやすい場所に置いておくと、そこに向かって這っていき、あそびへの意欲がひきだされます。
・保育者が笑顔で名前を呼び、優しい声で歌いかけたり、揺さぶりあそびも楽しみましょう。
・「8か月不安」の時期なので特に人の出入りには気をつけ、保育室への不必要な出入りは避けます。ただし、単に「不安にさせない保育」ではなく、子どもが不安感を表現した時にそれを温かく受けとめ、本人が自ら不安を乗り越えていけるよう援助する保育が大切となります。

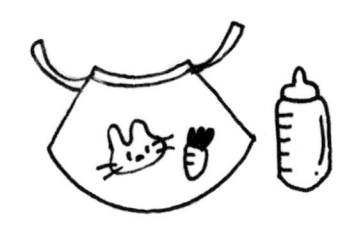

Column

8か月不安

　8か月前後に急に母親や保育者の後追いが増えたり，あらためて夜泣きが強くなる時期があります。いわゆる8か月不安と呼ばれる現象です。ただし，この現象は生後8か月に限られたものではなく，不安の表出のしかたや時期には発達経過などによる個人差があります。

　8か月前後には坐位も安定し，広い空間の中で，自分が好きなもの，近づいていきたいものを発見できるようになっています。それにもかかわらず，まだ這い這いや伝い歩きなどが十分にできないために自分1人ではその目標に到達することができません。それゆえに自分の願いをかなえてほしい，自分を助けてほしいというサインとして，自分の思いを夜泣きや不安感の形で表現しているとみることができそうです。

　8か月不安は，お坐りができ始めたあと這い這いが確実になる直前までの間にあらわれることが多く，赤ちゃんの視界から母親が消えることへの不安から来るものとも考えられます。この現象は発達の大切な一過程であり，母子関係の絆の深まりと乳児の愛着の力の形成を示す重要な特徴でもあります。乳児が自分は守られているという身体的安心感，基本的な信頼感を持つことができるように保護者や保育者からの働きかけを密にすることが必要です。

　この時期の保育では，担当保育者ができるだけ赤ちゃんのそばを離れず安心感を与えることが重要となるでしょう。そのためにはクラス担任同士の協力のもとで大人の動きを整理していくことが大切です。例えば，担当保育者は赤ちゃんのあそび中心につき，他の保育者にその他の動きを任せていきましょう。そうすることによって赤ちゃんは安心し，強い後追いの時期が長引くことはありません。最近では，8か月以降1歳前後までこの現象があらわれることも少なくありません。家庭においても家事より赤ちゃんと接することを優先してもらい，何より赤ちゃんの心の安定をはかっていくようにしましょう。

《生活リズム》

●離乳食（モグモグゴックン）
・アレルギー要因があると思われる赤ちゃんへの対応については、家庭と連絡を取り、看護師、栄養士との連携を密に取り合って対応していきます。離乳食の進み具合に伴って増える食材を必ず確認しあい次の段階へ移行していきましょう。
・飲み込み、舌で潰すなど、一つひとつの段階が十分できているかを見極め、赤ちゃんに合わせて焦らず進めていくようにします。この頃からコップを使って口を閉じて器から飲むことを教えていきます。
・保育者の膝に坐らせ、足の裏が床に付くようにし、自ら食べようとする姿勢を保つようにします。
・保育者の口の動きを見せて模倣を引き出し、食品を知らせ、食べようとする気持ちを高めていきます。

●排　泄
・おむつ交換の時には語りかけで知らせ、自分に働きかけられていることを感じさせていきます（顔や手を拭くときなども同様にします）。

●清　潔
・沐浴は坐位で行い、姿勢を安定させることで不安を取り除くようにしましょう。

●睡眠（日課の安定）
・日課も安定し、朝6時〜7時頃に起き、夜は8時〜9時頃に眠りにつくことが多くなります。夜間10時間余りの睡眠と午睡が午前1回、午後1回、夕方軽く1回の一日2〜3回になってきます。

　午前と夕方の睡眠は、眠りすぎてしまうと、午後の睡眠（＝昼寝）や夜間の睡眠に影響し、生活リズムが整えにくくなってしまいます。眠りの一単位である30分程を目安に起こしてあげるようにしましょう。目覚めにくい時は、一度坐位にして正面から声をかけてあげるとすっきりめざめることができます。

3 あそびの援助

●四つ這いへの移行

・引き玩具や色玉などを目の前で転がして見せ、追いかけて這うように導くなど、目標に向かって進もうとする気持ちを大切に働きかけていきましょう。

ボールをもって

・ずり這いから四つ這いへと移行していけるような働きかけを多くしていきましょう。例えば、低い段差のあるところを越える経験をしたり、大きめのロールクッションに腹部を乗せて前方に手をつき上半身を支えるなどです。

・赤ちゃんが見つけたものを赤ちゃん自身が取れるようにし、保育者が先取りしないようにします。

●目と手の協応

・探索を充実させる玩具（引っ張る、つまむ、握る、出し入れする、打ち合わせるなど手首や指先を使う物）を豊富に揃えましょう。

・様々な素材のものを用意し、感触の違いや一致を十分に味わえるようにします。

- 散歩は同じ場所やコースを選び、赤ちゃんが見つけたものを一緒に見て語りかけ、共通の物や事象を共有し共感しあう機会を増やしていきましょう。
- 保育者が十分にあそんで見せて、興味を持って子どもが自らあそび始めるきっかけを作っていきます。

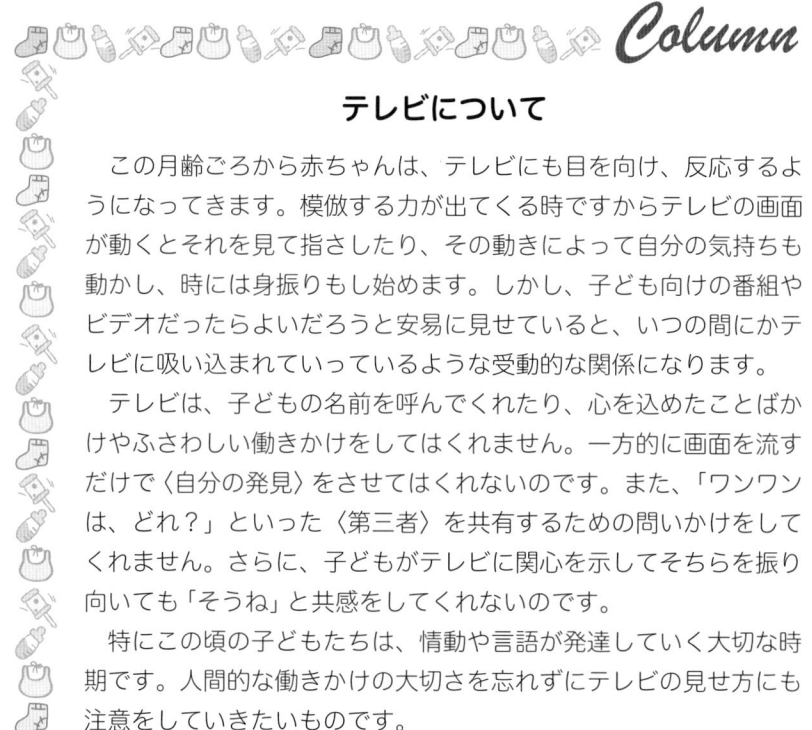

Column

テレビについて

　この月齢ごろから赤ちゃんは、テレビにも目を向け、反応するようになってきます。模倣する力が出てくる時ですからテレビの画面が動くとそれを見て指さしたり、その動きによって自分の気持ちも動かし、時には身振りもし始めます。しかし、子ども向けの番組やビデオだったらよいだろうと安易に見せていると、いつの間にかテレビに吸い込まれていっているような受動的な関係になります。

　テレビは、子どもの名前を呼んでくれたり、心を込めたことばかけやふさわしい働きかけをしてはくれません。一方的に画面を流すだけで〈自分の発見〉をさせてはくれないのです。また、「ワンワンは、どれ？」といった〈第三者〉を共有するための問いかけをしてくれません。さらに、子どもがテレビに関心を示してそちらを振り向いても「そうね」と共感をしてくれないのです。

　特にこの頃の子どもたちは、情動や言語が発達していく大切な時期です。人間的な働きかけの大切さを忘れずにテレビの見せ方にも注意をしていきたいものです。

4　玩具

●手・指を使う玩具
- プッシュBOX、箱（手作り：1つ穴、2つ穴）、ドリオ、マジックテープはがし（手作り）、チェーンリング、布
- 積木、玉落とし、洗面器、ザル、タッパ、木製色玉、カットシリコンチューブ（太・細）

・パッチンボード（手作り）

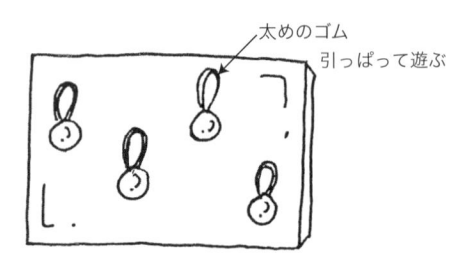

太めのゴム
引っぱって遊ぶ

・しゃもじべら（手作り）

・ミルク缶（手作り）

ミルク缶に布を巻き穴に落として
遊ぶ・入ったものを出すなど

・チェーンストーン（手作り）

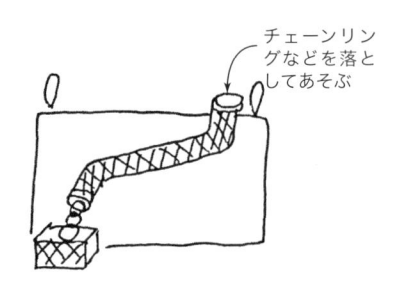

チェーンリングなどを落としてあそぶ

● 音の出る玩具
・オルゴール、コロコロシロホン、マラカス

● 動かして楽しむ玩具
・回転木馬、ロディ、起き上がりこぼし、引き玩具、コロコロ

● 認識、感触あそび
・鏡、ハンカチ、ヘチマ、お手玉、ゴム

＊ハンカチあそび
　うたに合わせてハンカチを振ってみせ最後に赤ちゃんの頭部をハンカチで覆い赤ちゃんが自らの手で、ハンカチを取るのを待ちます。ハンカチを取った瞬間に保育者としっかりアイコンタクトを取りましょう。

♪チュッチュッコッコとまれ（ハンカチを振る）
　チュッチュッコッコとまれ
　とまらにゃ
　とんでけ〜（でハンカチをかぶせる）♪

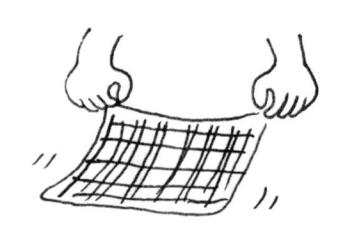

第6章
つかまり立ちから伝い歩き
【10か月～12か月】

　この時期は、赤ちゃん自身が生活やあそびの主人公となって人間関係を切り結び、幼児期へ飛躍していくための「新しい発達の原動力」を育んでいきます。自分でしたいという意欲が高まり、大人の真似をしたり「これは何かなぁ？」と物への興味も広がり、確かめようとする行動も多くなります。

　10か月過ぎに誕生した主人公としての力が充実してくると、要求の手さし、指さしが生まれ、まだ言葉は話せなくても指さしや表情の変化で自分の気持ちを語るようになってきます。

　自分で発見したものを教えたくなるものがいっぱい出てくるでしょう。赤ちゃんが見つけた発見を言葉にしたり、赤ちゃんができた喜び（達成感）を共有していくことが大切な時期です。

1　全身発達

《生理的機能の発達》

・体重が生まれた時の3倍になり9kg前後となります。身長も順調に伸び、それまでよりもスマートになります。
・乳歯がさらに生え始めます。生え方にはかなり個人差が見られ、0～8本くらいまでの幅があります。
・睡眠時間は1日14時間前後になり、午睡は午前と午後に約2時間ずつになります。12か月に近づくと次第に食後1回の午睡になってきます。
・目覚めている1回の時間は3時間を越え、食事と食事の間も4時間前後

になり、排便も規則的になってきます。
　乳児期前半での脊髄・脳幹・間脳の神経ネットワークの形成を基礎として、乳児期後半にかけては小脳－大脳基底核系による運動制御が進みます。そこにさらに大脳皮質系の神経ネットワークの成熟が加わることによって、坐位や立位でバランスをとる力が増してきます。また、目標を捉えて移動したり、手指を使って物を操作する力も高まります。

《運動機能の発達》
（10か月～11か月）
・投足坐位が確立し、頭の垂直保持がどの姿勢からもでき、関節をどの方向へも屈伸・回転できます。

・坐位で保育者が両足をゆっくり上にあげても平衡を保とうとします。つかまり立ちでは、手で身体を支えながら足底で全体重を受けとめようとしたり、狭い支点で不安定な体位を取っても、重力に抵抗して体重を支えようとします。
・四肢を左右交互に交差させ、調整して前進することができ始めます。自由になった手と目がさらに協応して目標を捉え、それに到達して目標に向かっていきます。抵抗があると乗り越え、探し、調べ、要求し、周りの人の対応（禁止、承認、賞賛）に応えようとします。
・這い這いから坐位への姿勢の変換が自由になり、一瞬の一人立ちが見られます。臥位、坐位、つかまり立ち、伝い歩きの間で姿勢制御を自由に切り換えていくことができ始めます。

第6章 つかまり立ちから伝い歩き（10か月～12か月）

・高さを探ったり、深さ、奥、裏の発見をし、見通しがわかり始めます。

足で高さを探っている

（11か月～12か月）
・つかまり立ちから伝い歩きをし、箱などを押して歩きます。高這いで目標を捉えてそこへ突き進みます。方向転換はまだうまくできません。

・階段を四つ這い、高這いで昇り降りすることができます。
・ホッピング反応（赤ちゃんを立たせた状態で体を前後左右に倒そうとすると倒れないように足を踏み出すこと）で足が前方へ出始め、つかまり立ち、伝い歩きをします。
・つかまって立ったりしゃがんだりが活発になり、床から直接立ち上がります。
・片手で何かにつかまりながら、もう一方の手に別の物を持つことが可能になります。そして、障害物を乗り越えて、好きな人や物のところへ意識的に近づいていくようになります。

- 持っているものを相手に手渡せるようになります。
- 自分の名前を呼ばれて振り返ったり、手をあげるようになります。

★発達観察のポイント★

　生後10～11か月の姿勢・運動の面については、次のような点を見逃さないようにします。
1) 坐位で遊んでいる時に、①円背や亀背、側湾がないか。②手指の操作などに形態的、機能的な非対称が見られないか。
2) 起立して足に体重がかかる時に内反足（生まれつき、くるぶしからつま先が内側に向いている状態）、外反足（足首が外側にねじれて、立たせると足の裏側だけが床につき、小指が上がってしまう状態）、交叉（X脚）などが見られないか。
3) ずり這いを始めて1か月経っても片方の腕だけでこぎ、止まった時にも片方の側のみに重心をかける姿勢をとることが多くはないか。
　　改善が見られない時は、神経学的検査を受けて早期のリハビリテーションを開始することが必要となる場合がありますので、よく観察します。

【参考文献】　田中昌人・田中杉恵・有田知行（写真）「子どもの発達と診断2 乳児期前半」大月書店、1982.―10か月での「新しい発達の力」の観察ポイント

《認知機能の発達と感情の分化》
●口もとの発達
(10か月〜11か月)
・上下口唇がねじれながら協調し、しっかり閉じて舌と顎の左右運動をし歯茎で咀嚼します。
・笛やラッパを吹いて音を出します。
(11か月〜12か月)
・口唇の形を意識的に自由に変えることができ、咀嚼側の口角が縮み、歯が生えるに従い咀嚼運動が完成します。
●手、指、両手と目の協応そして模倣
(10か月〜11か月)
・左右それぞれの手に積木などを持って、正面でチョチチョチと打ち合わせます(定位的調整)。
・小さい物に、親指と人さし指を斜め上から近づけて指の腹の側でつまみます。
・器の中に入っている物を次々と出したり、真似て入れようとします。
(11か月〜12か月)
・積木やお手玉などを包んだ布を外すなど、隠れた状態を除去して中身を確かめようとします。
・小さい物を、親指と人さし指で素早くつまみ、穴に入れようとします。
・容器に物を入れる、被せる、乗せる、合わせるなど、定位活動をします。
・鉛筆や水性ペンなどを逆に持って打ち付けたり、左右の往復運動をしてなぐり描きができ始めます。
・相手のしていることに興味を示し、自分もしようとします(チョチチョチ、バイバイなどの模倣)。
・他の子どもが持っている物に手を出したり、相手に物を渡します(外界との間に3つ目の連結点を作って外界を取り入れる)。
・左右それぞれの手で2つのものを持てた上で、他者に手渡すことができます。

- ●感情の分化、要求の手さし・指さし
  （10か月～11か月）
- ・相手から「チョウダイ」と求められると、相手に物を渡したり、物を打ち合わせたり、積んだりすることを試み、褒めてもらうと繰り返します。
- ・第二者（お母さんや保育者）との間で第三者（玩具やさらに別の人など）を共有し始め、要求の手さし・指さしをします。
- ・「8か月不安」がなくなっていきます。
- ・鏡の中の自分を覗き込み、且つ、他の人を鏡の中に探し始めるなど、自分の鏡映像を発見し自他を区別する力が芽生えてきます。

  （11か月～12か月）
- ・定位の指さしを始め、自分の意思や要求を伝えようとします。
- ・作り笑いや愛想笑いをし始めます。

- ●言葉、認知
  （10か月～11か月）
- ・自分の名前が呼ばれるとわかります（「自分」の発見の芽生え）。
- ・「パパ」「ママ」などの初語が出てきます。
- ・玩具がついたての後ろ側で、左右に移動して姿が見えなくなったとき、ついたてから玩具が出てくるのをあらかじめ期待して待つことができ始めます（予期的追視）。目に見えないものをイメージする力の芽生えです。

  （11か月～12か月）
- ・「マンマ」「アッタ」など定位の音声を伝えようとします。
- ・言葉で模倣を引き出すことができ、つもり行動が芽生えてきます。

2　育児におけるかかわり方と配慮

《健康と室内環境》

- ●室内環境
- ・赤ちゃんが、つかまり立ちや伝い歩きなどをしている足元に玩具がないようにこまめに片付け、未然に事故を防ぐようにします。一人立ちや歩き始めの頃には尻もちや転倒が多いので、同じように足元に玩具がない

ように注意しましょう。
- 小さな物をつまめるようになるために、つまんだ物を口に入れたり、誤飲する事故が多くなります。赤ちゃんの手の届くところには直径3.5cm以下のものは置かないようにしましょう。また、高さや斜面といった抵抗に挑戦して転落や転倒も多い時期なので、環境の整備に気をつけていきましょう。
- 遊び終えた玩具はその都度片付けていくようにします。片付けは赤ちゃんに見せながら行っていきましょう。

●衣　服
- 動きやすい服装（上下分れた服、柔らかい素材の服、ウエストがゴムのズボンなど）を家庭に知らせ、赤ちゃんに合った服装を整えます。
- 脳が成長するために大泉門が開いています。大泉門が閉じる前に髪の毛を結ぶのは脳の成長を妨げることになるので避けたほうがよいでしょう。

●清　潔
- 沐浴は、つかまり立ちにし、シャワーで行います。実施にあたっては、季節や子どもの皮膚などの状態を考慮して行いましょう。

《生活リズム》
- 離乳食が後期食に移行する時に、家庭と連携して、早寝早起き、朝食・夕食を食べる生活リズムが親子で作れるよう、保育園での睡眠時間の見直しを含め、援助していきましょう。
- 生活リズムの乱れが見られた時を見逃さず、家庭と連携して、早寝早起き、朝食のリズムを保っていけるようにします。
- 朝食の献立を栄養士に紹介してもらうなど、母親に栄養指導を行い、食生活から生活のリズムを見直すなど、家庭で行える工夫について援助をしていきましょう。

- 目覚めた時や食事の前など日課の区切りには赤ちゃんの目を見て名前を呼び、応え方を見ながら働きかけ、気持ちのつながりが成立していくようにします。

《離乳食〜カミカミゴックン〜》
- 後期食への移行は、舌や顎を動かして歯ぐきで咀嚼が十分に行えているかをよく見極め、栄養士や看護師と相談して進めます。保育者がカミカミと口を動かして見せ模倣を高めていきます。
- 1歳児食に移行後も丸飲みしていないかをよく見極め、栄養士や調理師と連携して赤ちゃんに合った調理形態にし、咀嚼能力が獲得できるようにします。
- 食べる時には取り皿を使用し、パン、スティック野菜、果物など手でつまんで食べられるものはつまんで食べやすいようにし、自分で食べたい欲求を満たしていきます。また、落ち着いて一口ずつ食べられるようにしましょう。取り皿には重量感のある安定した物を用意するとよいでしょう。
- 赤ちゃんの食べている状態を栄養士に観察してもらい、移行の判断、食品の形態など、赤ちゃんに応じた調理内容にしてもらうようにします。

Column
スプーンを持たせる目安

　自分でやってみたいという自我が芽生えるこの時期、保育者が食べさせているスプーンに、赤ちゃんの手がどんどん伸びてきます。保育者の手に子どもの手を添え、食べさせるようにしていきます。

　赤ちゃんが持ちたがるから持たせるのではなく、受け身にならずによく噛んで食べているか、噛んだ物を口を閉じて飲み込んでいるか、肘を肩より挙げることができるか、握力はどうかなどを見極めてから持たせていきましょう。

　また、距離感をつかめるようにするために、パスタストッカー等のような長い容器に10〜20cmくらいの長さに繋いだチェーンリングを入れるあそびや、大きな輪にしたチェーンリングやシュシュを頭からかぶるあそびなどを取り入れてみるのもいいでしょう。

3　あそびの援助

《歩行の前に》
- 這い這いの十分でない赤ちゃんには、歩かせることを急がず、保護者にも見通しを示しながら這い這いの経験を多く重ねていけるようにしましょう。
- 這い這いをしないで歩き始めた赤ちゃんには、斜面の昇り降りや重さをつけた箱押しなどをとりいれ、それに代わる活動を工夫して補っていきましょう。

《物を媒介にして人間関係を結び始める》
● 手、指、口もと、足腰を使って
- 赤ちゃんが手を使った探索や操作が十分できるよう、玩具の見直しをします。感触あそびの玩具は、ほつれたり、壊れたりする前に交換しましょう。
- 正面正中線上での玩具の打ち合わせや出し入れなどがやり易いように、必要に応じて座卓のテーブルを設定し、正面から働きかけます。あそびの座卓テーブルの高さは、赤ちゃんに合わせて準備します。
- 座卓テーブルのコーナーや指先あそびのコーナーで、保育者に見守られながら安心感をもって十分に一人あそびできるようにします。
- 玩具の受け渡しなどを媒介にして、注意を向けてくれるように一つずつ出すなど、丁寧な働きかけを行います。
- 物を媒介にして人間関係を結び始めるときですので、通りすがり的な玩具の渡し方は慎むようにしましょう。
- 赤ちゃんの手さし、指さしを保育者が言葉で意味づけしていきます。
- 吹くあそびを十分に行い、口の筋肉、呼吸、噛む力を高めていきます。
- つまむ、叩く、引っ張る、出し入れする、くぐる、乗り越える、よじ登るなど、手、指、足腰を使った探索を十分に楽しめる環境を作っていきましょう。
- 揺さぶりあそびや"いないいないばあ"などの隠れあそびを通して、子ども同士の共感関係を広げていきましょう。

● 散歩（外界への関心の広がり）
- 散歩に積極的に出かけ、自然の素材や生き物などに接して楽しむ機会を多く持つことによって、外界への関心を広げていきます。

Column

靴の選び方

　赤ちゃんの足の骨は軟らかく、5歳くらいまでの間に形成されるといわれています。それだけに外からの影響を受けやすく、靴によっては足の形が変わってしまうことがありますので、靴はこまめにチェックしましょう。できれば、お古も避けた方がよいでしょう。

①ひもやマジックテープで調節できますか？
　　子どもの甲の高さに合わせて調節しましょう。

②つまさきに足の指が伸びる広さや厚み（高さ）がありますか？
　　子どもは、足の指で地面をつかむようにして歩くので指を動かせる余裕が必要です。

③靴底は、しっかりしてクッション性があり、厚すぎませんか？
　　地面からの衝撃を緩和し足をまもりますが、厚すぎる靴底は要注意です。

④足首を包み込む深さがあり、かかとで足が固定されていますか？
　　足が固定されることで安定した歩行ができ、指先の障害を防ぎます。

⑤足が曲がる位置で靴も曲がりますか？
　　サイズが大きいと、この位置がずれます。

⑥吸収性や通気性のよい、軟かい素材ですか？
　　足に直接触れたり、汚れやすいので、洗える素材を選びましょう。

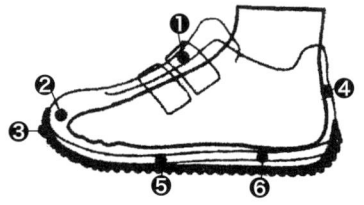

【参考文献】　原田碩三（編著）「子ども健康学」みらい社、2004.

第6章 つかまり立ちから伝い歩き（10か月～12か月）

4 玩 具

● 手・指を使う
- プッシュBOX、1つ穴・2つ穴のBOX（手作り）、筒、箱、ミルク缶（手作り）、マジックはがし（手作り）、パッチンボード（手作り）、ザル、洗面器、タッパ、チェーンリング、カットパイプ、カットホース、玉落し、チェーンストーン、布、引き出し、積木、重ねコップ、カートレインスロープ

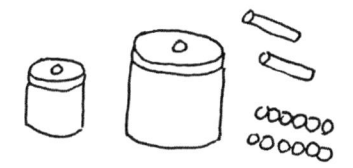

● 握 る
- 布、重ねコップ、木製色玉、お手玉、手のひらより大きいボール、積木

● 音の出る玩具
- ラッパ、笛、鈴、オルゴール、シロホン、でんでん太鼓、マラカス（手作り）

● 動かして遊ぶ
- 回転木馬、ロディ、起き上がりこぼし、引き車、コロコロ、木製色玉
- コロコロシロホン

● 身体を使って遊ぶ
- 箱、斜面台、滑り台、トンネル、箱車、手押し車、ビーチボール

● 認識・感触あそび
- 鏡、ハンカチ、感触ボード（手作り）、へちま、たわし

・コロコロシロホン

＊コロコロシロホン、カートレインスロープ

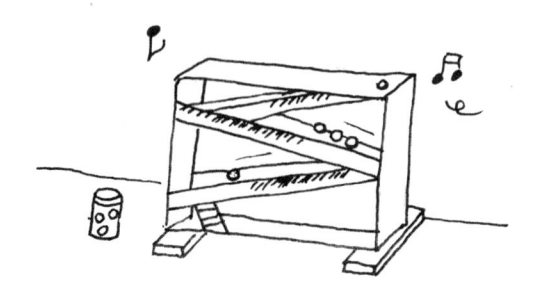

1)　遊ぶ前に
玉の数を確認します。あそびを終える時も玉が揃っているか必ず確認をしましょう。

2)　あそび方
保育者と赤ちゃん1〜2人で遊びます。始めは、玉（カートレイン）を1個で行います。玉（カートレイン）を赤ちゃんの正面で見せ、目で捉えたことを確認してから穴にゆっくりと玉（カートレイン）を入れてみせます。

赤ちゃんは、玉がスロープをゆっくりと転がっていくのを目で追いかけます。そして最後に玉がシロホン上を転がり柔らかな音を奏でると、耳を澄まし満面の笑顔になります。シロホンの余韻が消えてから、再び穴に玉をゆっくりと入れて見せます。保育者が遊んで見せた後に赤ちゃんに一つずつ色の異なった玉（カートレイン）を手渡します。

玉を口に入れないように十分気をつけて遊びましょう。カートレインスロープのあそび方も同様です。

第7章
歩行の完成
【1歳前半】
（1歳1か月～1歳6か月）

　この時期は、人間独自の直立二足歩行や物を道具として生かす手指の操作、そして、明確な話し言葉が始まる大切な時期です。周りの人たちとの温かい交流を通して自我が芽生えます。自分の願いを具体的な行動によって表現する力が「だだこね」として表われてきます。

1　全身発達

《生理的機能の発達》
・脳の重量は18か月までに1000gを超えます。大泉門は12～18か月の間にほぼ閉鎖します。
・脳の各部の相対的な比率は成熟脳に近づきます。
・脳の重要な領域の神経細胞のネットワーク（神経回路網）の形成と髄鞘化が進み、間脳（視床及び視床下部）、小脳、大脳基底核、大脳辺縁系及び大脳皮質の機能はさらに高い水準に達します。
・中枢神経系の成熟を前提として、乳児期の一過性の反射は衰退・消滅し、視聴覚を始めとする感覚系と運動系の随意的な協応がいっそう細やかに行われ始めます（第4章「脳のイラスト」参照）。
・まだ膀胱や直腸からの排泄を随意的に制御することはできませんが、膀胱からの排泄の間隔が2時間を超えることによって、おしっこの回数が少なくなっていきます。
・睡眠時間の合計は13時間になり、午睡はほぼ1回2～3時間になります。1回の目覚めている時間は12か月で3時間を超え始め、18か月で4

時間半に達します。
- 12か月までの睡眠時の脳波は、左右が同期していないことが多かったのですが、18か月頃に入ると両側が同期したり、あるいは交代したりするようになり、脳波のα波成分も増加し始めます（第9章「注1」参照）。
- 乳歯は、上下第一臼歯が左右に生えて全部で12〜16本になります（12か月頃に前歯が上下各4本生えて計8本になります）。

《運動機能の発達》
●全身活動―歩行・姿勢を自由に変える
（1歳1か月〜1歳3か月）
- 2〜3歩以上の歩行を始めます（乳児期の発達の経過によって歩き始めの時期には個人差があります）。最初は足を開き、手をあげて2〜3歩歩きます。また、目標に向かって直線的に進みます。
- 欲しい物、行きたい方などを指さして要求を表し、身体も乗り出して訴え始めるでしょう。
- 昼寝の時など頭から寝床に入ろうとします（1次元的行動）。

（1歳4か月〜1歳6か月）
- 円滑な直立二足歩行が可能になり始めます。移動の時には、自分から立ち上がって歩き出し、歩き続けます。
- 歩いて物を運んだり、車を押して動かしたりします。また、ボールを足で前に蹴る、手に持って上手投げで投げるといったことも可能になります。
- 基本体位（横たわる姿勢・坐位・立位）をとることができ、どの体位へも相互に移行する可逆動体位になってきます。
- 目標に向かって直線的に進むだけでなく、間に妨害がある場所では、別の方向から回り込んだり、支点や折り返し点があれば、それを軸にして方向転換して目標に達するようになってきます。
- 寝床に入る時に枕を支点にして足から寝床に入ります（自分から身体の向きを変えられるようになります）。

第7章 歩行の完成〈1歳前半（1歳1か月～1歳6か月）〉

Column
歩くことのメリットって、何？

★足は第二の心臓
　歩くことによって、足の指をよく使い、足の裏の筋肉を伸び縮みさせたり、太ももやふくらはぎの筋肉を規則的・律動的に収縮させることになります（ミルキング・アクション）。その結果、全身の血のめぐりがよくなって、心臓の働きを助け、全身の持久力が高まってきます。

★姿勢を良くし、転倒防止！！
　子どもが歩く時の姿勢は、やや前傾しています。歩く時には足の裏全体を使い、一歩ごとに静止があります。そのため動き始めの時は、蹴り出す足の動きが不可欠です。たくさん歩くことで、足の指の力や機能を高め、歩く時のバランス・踏ん張る力がついて、転びにくくなります。

★足の形は変化する
　足の形は、2歳頃までは太めの長方形、4歳半頃には逆三角形に変化します。歩いたり運動をすることで足のクッションやバネ、土踏まずのアーチなどの機能を使い、足にかかる負荷を和らげていきます。

★歩くことは楽しい
　歩くためには、足だけでなく、いろいろな身体の機能や感覚を使い、これらの情報を脳に届けています。また、歩く運動で筋肉を使うことによって、脳内のセロトニン（神経伝達物質）の分泌が高まり、爽快感を感じます。

★歩くことは「自我」の表現—"自我が歩く"
　歩行運動は、生理的な心臓や筋肉の運動というだけではなく、子どもが自己を表現し、自我を育てる営みでもあります。ですから、好きな人が前にいると、より一層、生き生きと歩きます。また、「このボールをお母さんにあげてね」と手に持たせると、さらにがんばって歩いてくれるでしょう。

【参考文献】　原田碩三（編著）「子ども健康学」みらい社、2004.

●手・指
（1歳1か月～1歳3か月）
- 手の橈骨側の2本の指（親指と人さし指）でも、机上の小鈴などの小さな物に上方からアプローチしてピンチ把握ができるようになり、そのようにして持った物を別の器などに入れることができます。
- 引き戸を開けたり閉めたりします。
- 積木を重ねても崩さず、手も離れるようになりますが、まだそれを3つ以上積み重ねることはできません。
- 積木を自分の手元の器から相手の器に2～3個入れて分けることができます。
- 手を左右に往復したり、上下に動かして描きます。

（1歳4か月～1歳6か月）
- 積木を3つ以上積むことができるようになります。
- 2つの器のどちらか一方に、もらった積木を入れきることができます。または、机上にある積木を手に取ってポイポイと床に全部落としていきます。
- 描画では、手に鉛筆などを持たせると、一本調子の線から曲線的に弧を描くようになります。
- ピンチ把握した物を操作する際に、行動や操作の面で方向転換ができ始めます。例えばつまんだビーズ棒やチェーンリングを小さな穴に調節しながら入れます。（第8章「1次元可逆操作の特徴」参照）。

ビーズ棒をちいさな穴へ

《自我・感情・言語の発達》
●感情の分化と自我の芽生え
（1歳1か月～1歳3か月）
- 要求充足のあり方が、喜怒哀楽の情と率直に結びついて表現されます。例えば、相手の意向に関係なく要求をストレートにぶつけて押し通そうとします。要求が通らない時に"だだをこねる"姿が見られ始め、切り

換えは難しいです。このような形で自分を表現する「自我」が芽生え始めます。
・離乳食が完了し、1歳児食を食べるようになります。スプーンを持って食べようとします。こぼす量も多いのですが、コップを持って飲もうとします。また、エプロンを自分でつけようとします。

(1歳4か月～1歳6か月)
・感情表現が豊かになり、満足を元におどけたり戯れたりします。
・驚き、恐れ、怒り、嫉妬、不安、不満、悲しみの感情の分化が見られます。
・目標に到達すれば自分で感情を立て直せます。達成するまでの粘り強さが出てきて、心の深まりを持って表現します。
・衣服を自分で着脱しようとするなど、自我の芽生えをもとに身辺自立のための基本動作ができ始めます。
・つもり行動がみられ始めます。

● 言語　2つの音声・一語文の始まり

(1歳1か月～1歳3か月)
・子どもたちにとって「言葉」は、何よりも感動の表現です。見慣れている物を見つけて、親しみのある音声を発声して指さしをし、さらに数語発声でき始めます。1次元の音声が出てきます。
・「マンマン」「チャーチャン」「ワンワン」「ブーブー」などの2つ重ねの音声が特徴的です。ただし、これらは名詞とは限りません。
・保育者を真似て歌おうとしたり、手をたたいたり、全身でリズムをとります。

(1歳4か月～1歳6か月)
・言葉と対象が一致してわかり始めます。実物の犬や犬の絵を指さして「ワンワン」と発声するなど、音声とその対象とが対応してきます。
・関心のあるもの、見つけたものを指さして、身近な大人を振り返り知らせます。
・たくさんの絵の中から、聞かれた物を探し出し見つけ出します。
・二音連続した反復音声を増やしていきます。また、「マンマ」「アッタ」などの一語文を話し始めます。

2　育児におけるかかわり方と配慮

《食　事》

・1歳児食になるので、咀嚼や嚥下の発達を適切に促せるように、食品や調理形態に配慮します。
・少量ずつ取り皿にとり（グラタン皿のような立ち上がりのある皿が使いやすい）、子どもが自分から食べようとする意欲や行動を大切して、適切な援助を行います。器に手を添えることを知らせながら、保育者も手を添えます。
・椅子に移行する時は、子どもの食事の様子が落ち着いているか、背筋は伸びているか、左右のバランスはとれているか、子どもの左手（利き手と逆側の手）がテーブルの上に安定して出されているかなど、総合的に捉え判断します。椅子が子どもに合わない場合には、足置きにバスマットなどを利用するとよいでしょう（イラスト参照）。

背当てもお風呂マットにカバーをかけて

お風呂マットを切ったりくりぬいて足置きに

Column
スプーンの持ち方

　最初は上から握る上手握りを知らせましょう。スプーンを下から握る握り方は、肘が身体にぶつかったり、手首の回転が逆になり子どもにとっても食べにくい手首の操作になります。
　正しいスプーンの持ち方に移行する時、直しにくくなります。

逆手握り

上手握り
（持ち方は上から握る上手握り）

　一口で食べられる量を取り皿に盛り、しっかり噛んで取り込めるようにします。

　口を閉じて平行に口元から抜けるようにします。また、スプーンを抜き取るのも重要です。

- 食事の席は決まった場所にし、日々の繰り返しの中で自分の席を確認できるようにします。同じ席で食べることで、落ち着いて食事にのぞめます。それは自我を育て、自我を尊重することにもつながるでしょう。
- 食事コーナーで少人数でゆったりと食べられる環境を作ります。椅子やテーブルの高さなど、子どもに合っているか気をつけ、必要に応じて足台や背当てを準備して、子どもの身体に合わせましょう。

《排　泄》
・オムツ交換の時には、出たことを確認し、交換をして心地よくする言葉かけを行い、"排泄→確認→交換"を一つの単位として排泄と清潔を結びつけていきます。
・排泄の表現としては、出てから知らせる段階から、出る前に知らせることができ始めますが、子どもの状態に合わせて進めていきましょう。
・一人歩きができるようになったら、オムツ交換の時などに保育者が子どもを抱いて移動せず、子どもが自ら歩いて目標に向かうように語りかけて誘いましょう。

《睡　眠》
・午前中にまだ眠くなる子どもについては、無理して起こさず30分ほど睡眠を取らせてから起こし、次の活動（あそびや食事など）が十分できるようにします。
・午前中や夕方に眠る子どももいるので、ベッドコーナー付近での出入りや話し声に気をつけましょう。
・午睡が1回に定まってきたらパジャマに着替えて眠りに誘い、生活にメリハリをつけましょう。

《着　脱》
・歩行がしっかりし始めた子どもは、保育者の膝に坐らせてズボンをはかせていきます。
・自分でズボンなどを履きたい素振りが見え始めたら、椅子を用意し、足を通す、前を引き上げるなどの方法を知らせ、自分でできた実感を積み重ねていきましょう。
・身辺自立の芽生えにおいて、子どもの意欲を先取りせず、自分でしようとすることを見守り、経過を見ていきましょう。

3 あそびの援助

《歩行（道草）》

- 歩き始めは平らなところを歩かせるようにします。一人立ちから1～2歩歩き、次にしっかり歩けるようになるまで少し時間がかかりますが、急がせず、自分で歩こうとする気持ちを大切にしていきましょう。
- 一人歩きを始めた頃は、安全な場所で裸足で歩くことを多くします。感触とともに足の指に力を入れたり、足の指を使って歩く経験を増やしていきます。
- 歩行の発達に伴って行動範囲が広がり、探索活動が活発になるので、危険のないように環境を整えます。距離感や方向感覚などが未発達のため、事故を起こさないように見守っていきましょう。
- 散歩に出た時は、道草を大切にし、様々な発見・手応え・足応えを感じながら歩くことを経験させていきます。
- 戸外でのあそびは、できるだけ同じ場所を選び、安心して遊べるようにします。広い場所、凹凸のある地面など、あそび場を選択しましょう。

★発達観察のポイント★

　1歳代の歩行運動については、自発的に意欲をもって生き生きと歩いているかどうかを観察します。その上で、歩き方に外反足、内反足、爪先歩きなどがないか、麻痺の徴候や左右の足の長さが違う場合がないか、左右どちらかへ傾いていないか、両足の土踏まずが同じように形成されてきているか、方向転換が上手にでき始めているかなどに注意しましょう（第6章「発達観察のポイント」参照）。

《言葉》
- 子どもの要求を先取りしないように待ち、うまく表現できない時は、子どもの気持ちを察し、相槌を打ったり、言葉で表現してあげ、自分から表現しようとする気持ちを育てていきます。
- 保育者や友だちへの関心が見られる時期なので、一つひとつの出来事や関わりを大切にしながら、温かく見守っていきます。
- 言葉でかみ合わない時期の"かみつき"などの行動は、子どもたちの拙い気持ちの伝え合いの一つとして考え、対人関係がかみ合うようにするための道具や玩具を用意して、「間接性」をもった表現ができるよう援助していきます。
- 保育者は、子どもたちの言葉にならない思いを言葉にしたりして、子ども同士の気持ちを繋いでいくようにしましょう。

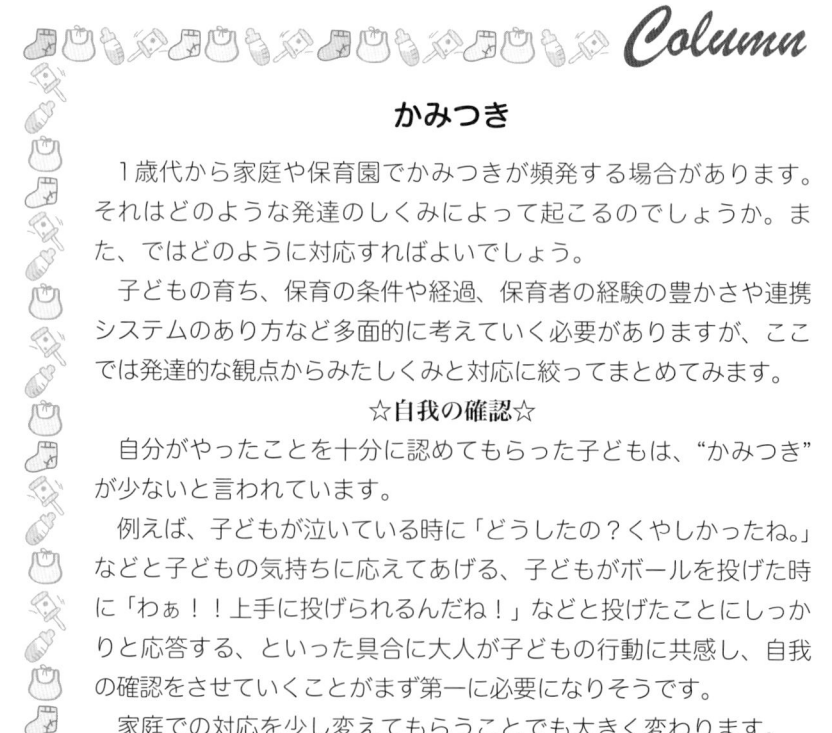

Column

かみつき

　1歳代から家庭や保育園でかみつきが頻発する場合があります。それはどのような発達のしくみによって起こるのでしょうか。また、ではどのように対応すればよいでしょう。
　子どもの育ち、保育の条件や経過、保育者の経験の豊かさや連携システムのあり方など多面的に考えていく必要がありますが、ここでは発達的な観点からみたしくみと対応に絞ってまとめてみます。

☆自我の確認☆

　自分がやったことを十分に認めてもらった子どもは、"かみつき"が少ないと言われています。
　例えば、子どもが泣いている時に「どうしたの？くやしかったね。」などと子どもの気持ちに応えてあげる、子どもがボールを投げた時に「わぁ！！上手に投げられるんだね！」などと投げたことにしっかりと応答する、といった具合に大人が子どもの行動に共感し、自我の確認をさせていくことがまず第一に必要になりそうです。
　家庭での対応を少し変えてもらうことでも大きく変わります。

第7章　歩行の完成〈1歳前半（1歳1か月～1歳6か月）〉

☆発達への願い☆

　0歳児クラスの後半から"かみつき"のあらわれる子がいます。"かみつき"の行動は、クラスの子どもたちの間で広がりやすい傾向もありますので、早めに対応していく必要があるでしょう。何より事前に子どもたちの思いを丁寧に受けとめ、"かみつき"に到らせないことが大切ですが、"かみつき"が出始めた場合には、すみやかに保護者に"かみつき"の事実を話し、家庭での様子を聞いてみましょう。

　園で"かみつき"がでている子どもたちは、父母に対してもかみついていることも多いようです。両親は、愛情表現やふざけっこと受けとめていることも少なくありません。0歳児での"かみつき"の始まりは、コミュニケーションの一部であることが多いのです。子どもたちが"かみつき"によってどんな思いや願いを表現しようとしているのかを大人が深く理解することが、対応を考える出発点となります。

　その上で保護者と協力しあい、"かみつき"は、相手を傷つける行為であること、この先、自己主張が強く出てくるときに、トラブルの原因にもなること、その行為を他の子も手段として覚えてしまうと、クラスに広がる場合があるということを保護者と確認しておくことも必要でしょう。

　1歳児クラスでの"かみつき"は、自我の表現や自己主張の手段の形をとって現れますが、それは「発達への願い」を表現しています。現象としては、興味が同じことによる玩具の取り合い、場所の取り合いなどが原因となるようにみえることがほとんどです。中には、通りすがりにかみついたり、引っ掻いたりという姿が見られることもあります。

　対応方法としては、この時期の発達の力を十分に発揮しさらに展開できるような援助と場面設定が必要です。

1)（個人の面）玩具の一人当たりの量を豊富にし、あそびの空間が重なり合わないように配慮し、間に保育者が付くなど、それぞれのあそびの場所を保障していきましょう。
2)（友だちとの交流の面）子ども同士のかかわり方をむしろより積極的に前向きに展開させていく工夫が必要となるでしょう。

"かみつき"が頻繁なときや理由がわかりにくいときには、その子の行動を観察し、あそびが見つけられているかどうかを把握しましょう。あそびの素材や場を提供して、あそびの楽しさを新たに発見したり、友だちとのかかわり方を豊かにしていくことによって"かみつき"は徐々に減っていきます。その際、子どもが、まだ十分言葉にできない思いを保育者が言葉にし、子ども同士のやりとりの仲立ちとなることも大切です。

☆力の切り換えと展開☆

　子どもは、かみついたことで相手が泣き出すなど、自分が力をかけて対象が変化することを確かめている場合があります。"かみつき"がみられた時には、子どもは何よりもまず自分の思いを十分に表現し受けとめられていく必要があります。

　その上で、保育者は、子どもが気持ちを自ら切り換えていくための重要な支点となって系統的に援助を入れていきます。

　例えば、狭いプールにたくさんの子どもたちを入れて遊ばせたりした時に、次々に噛んでしまうといった場合があります。その子は、自分の力を展開して周りの変化を確かめているのでしょう。

　そのような時には、名前を呼んだ上で、例えばホースなどを手渡して、「このホースで○○ちゃんと□□ちゃんと△△ちゃんに水をかけてあげてね」と行動を切り換えさせる言葉かけを行い、力を展開していけるような役割を担ってもらうとよいでしょう。

　あるいは、タライなどを用意して、中にはいった水を外に出すあそびをさせてエネルギーを存分に発揮させながら、そのような活動を多様な対象や内容の中で展開させ、さらにそのことによって友だち同士のつながりが豊かになっていけるように導いていきます。活動や場面を展開したり、気持ちを自ら切り換えていくような力は、一人ぼっちでは身につきません。保護者や保育者、そして友だちの支えが不可欠です。

　1～2歳児が大人の言葉をどのように受けとめているか、どのように理解しているかについても配慮する必要があります。保護者や保育者が、人を噛んではいけないことをしっかり伝えていく姿勢を

もつことも大切ですが、子どもたちが"かみつき"によって表現せざるをえない深い思いと願いを理解し、罰や報酬や隔離ではなく、また単なるエネルギーの発散ではない豊かな対応方法を大人の側が発見していくことが期待されます。それは保育や子育てのあり方を大きく発展させ豊かにしていくことにもつながるでしょう。

《操作的あそび（一人あそびの保障）》
・玩具や素材などは、子どもが一人で遊べる物を手の届く所に設定します。一人で遊べない玩具は、大人と向き合って遊ぶ時に出し、あそび方を知らせていくようにします。
・一人あそびは、思考力・創造力を培うのに大切な機会でもあるので、友だちに邪魔されたりせず、一人あそびが十分できるような場を保障し見守っていくことも大切です。
・自発的に自主的に自分でできるような条件を工夫し、整えていきましょう。

《再現あそび》
・再現あそびが楽しめるような生活用具や玩具を子どもの届く所に設定していきます。数や量にも配慮しましょう。
・第二者（保育者や保護者）との間で第三者（玩具や別の保育者や友だち）を共有できる場を作っていきます。
・生活の区切りやあそびの状況などにより、片付けをして気持ちよく生活できるように導きます。

《ふれあいあそび》
・子どもが一緒に口ずさめるような歌などを、豊かに繰り返し保育者が歌って聴かせていきましょう。
・くすぐりあそび歌、揺さぶり歌、わらべ歌など子どもが身体でリズムや言葉の繰り返しを感じ、楽しむことができます。このような歌を歌い聴かせていきます。

4 玩具（絵本・絵カード）

●運動玩具

・引き車、手押し車、箱（ダンボール）、斜面台、太鼓橋、滑り台、ボールなど

・クルクルローラー（手作り）
ラップの下に針がねハンガー（手作り）

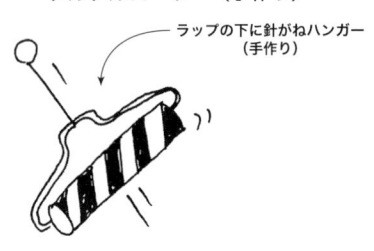

●操作的玩具

・チェーンストーン（手作り）　　・キャップ落し（手作り）　　・マジックテープはがし（手作り）

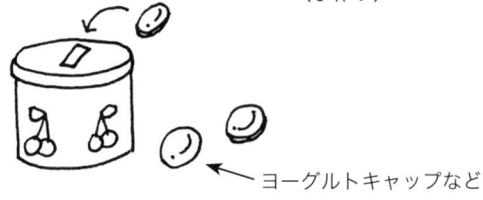

ヨーグルトキャップなど

・クルクルBOX（手作り） 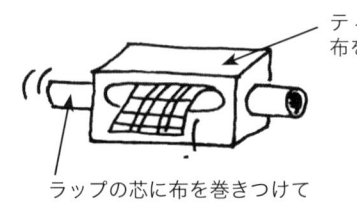　　　　　　　　　　　　　　　・重ねコップ

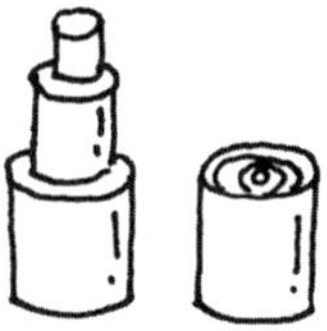

ティッシュBOXに布を貼り作る

ラップの芯に布を巻きつけて

・色玉、スイッチあそび、鍵、お手玉、積木、カートレインスロープ

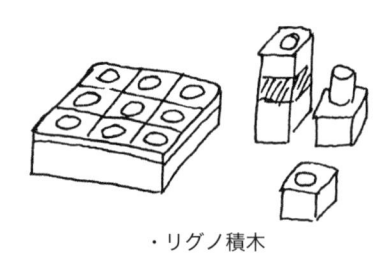

・リグノ積木

・コロコロシロホン　　　　　・ペグさし、木製ひも通し、パズルBOXなど

第7章 歩行の完成〈1歳前半（1歳1か月〜1歳6か月）〉

・ノックアウトボール　　　・トンネルマウンテン

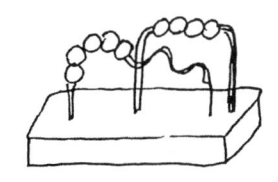

● 再現あそび玩具
・人形、ハンカチ、布、引き出し、布団、手提げ袋、洗面器、ままごと、おんぶひも、エプロン
・三角巾など

● 素材的玩具
・砂、水、紙、布、チェーンリング、小麦粉粘土など

● その他
・オルゴール、車、鏡　　　・絵カード（食べ物・動物・乗り物など）

● 絵　本
平山和子「くだもの」福音館書店
松谷みよ子「いないいないばあ」童心社
松谷みよ子「いいおかお」童心社
松谷みよ子「もうねんね」童心社
まついのりこ「じゃあじゃあびりびり」童心社
藪内正幸「どうぶつのおやこ」福音館書店
中川李枝子「おはよう」グランまま社
安西水丸「がたんごとんがたんごとん」福音館書店

絵本といっしょに…

第8章
調整しながら歩く
【1歳後半】
（1歳7か月〜2歳）

　この時期は、「〜デハナイ〜ダ」という活動スタイル（1次元可逆操作）を獲得し、行く‐もどる、入れる‐こぼすなど同じ種類の活動の切り換えができるようになります。

　1歳以前の人みしりとは異なり一旦、尻ごみした相手、恥ずかしいけれど気になる相手を「〜デハナイ〜ダ」というように自分の気持ちをくぐらせ新しい相手として対等に受け入れることができるようになります。

　話し言葉が増えて、対話が芽ばえるとともに、言葉が意味を示し、気持ちを通わせ友だちとの関係を繋ぐものとなってきます。

　歩く距離は長くなり、方向を変えたり速さの調整ができ始め、転ばなくなってきます。

1　全身発達

《生理的機能の発達》
- 身長、体重、胸囲、脳重の伸びが、このころから3歳頃までに、ほぼ安定します。半年で身長は4cm、体重は1kg、胸囲は6mm増加し、脳重は出生時の約3倍になります。
- 1歳後半から3歳にかけて、心臓、肺などの多くの内臓組織や機能が成熟します。
- 胃の容量は3倍になり、500mlを超えて「洋梨の実」型になります。
- 甲状腺の活動が活発になり、新陳代謝を調節します。
- 骨格の成長と骨化が促進されます。

・腸管の発育、腎臓の構造と調整機能はまだ未熟です。肝臓その他の内臓の代謝機能や内分泌系によるホルモン分泌の調節、水と電解質の平衡などは、内的・外的条件の変化、特に感染症などに対して、まだ十分には調節できません。
・食事をするとき口の動きでは、舌を回しながら噛むようになります。
・食事の量が増え、午睡が1回となり、排尿間隔も長くなります。
・睡眠時間の合計は12時間半～13時間半になり、1回の目覚めている時間が4時間半～5時間半に達します。

《運動機能の発達》

●全身活動
・直立二足歩行がしっかりした足取りになり、左右の足の運び、つま先とかかとの着地が明確に交代します。
・歩行が盛んになり、立位から「斜めの姿勢」がとれ始めます。道草をしていろんなところを覗いたり、触ったり、調べたりします。
・遠くへ長く調整しながら、速く・ゆっくりと歩けるようになります。
・2歳になると抵抗を押し切って歩き続けようとする姿がみられます。例えば、両手に物を持って歩く、風に向かって歩く、わざと花壇の縁石を伝って歩こうとするなどです。
・物を跨ぐ、斜面・段差の昇降、飛躍、水の中に入るなど、通常の環境変化に応えられます。
・しゃがんで遊ぶ姿も見られます。
・四肢についても両腕・両足のそれぞれ両方あるいは片方を屈伸、回転、交錯させることができ始めます。

●手・指
・積木を3つ以上積み、崩れると自分から積み直します。
・1歳後半には、積木を並べたりし始めます。
・積木を積みながら、壊れかけた時には倒れそうなことを予測して手を出して支え、修正してさらに高く積めるようになります。
・貼ってある紙やシール、テープをはがし、別の場所に貼り替えます。

- 2歳近くになると、手や指も斜めの姿勢をとり始めます（Vサイン、腕組み、指組みなどができるようになります）。また、左右どちらの手でもできるようになってきます。
- びんの蓋をねじって回すなど、指先の細やかな操作が上手になります。

《自我・感情・言語の発達》

●感情の分化／気持ちの立ち直り

- 一旦尻込みした相手に対して恥ずかしいという気持ちは持ちながらも、新しい相手として対等に受け入れることができます。
- 自分の持ち物と友だちの持ち物を区別し、自分のものに執着します。
- 人や物との関係が豊富になり、それらを調整していきます。
- 「ジブンデ」と主張する自我が誕生し始めます。一方、だだをこねる姿も見られます。だだをこねても「どっちにする？」「どっちがいい？」といった選択する場面を与えられることで、気持ちの転換や立ち直りができるようになります。
- 友だちと手をつなぐことができます。「ジュンバン、ジュンバン」と言いつつ待てるようになってきます。

●言語（二語文の始まり）

- 自分から使える言葉が30語前後に増加し、言葉で要求しようとします。
- 語尾の上げ下げで肯定や意思、疑問を表します。表現語が増加します。
- 一定の停滞の後に、2歳頃には二語文が出てきます。

●認　識

- 名前を呼ばれると笑顔で「ハイ」と答えます。
- 呼ばれると、自分を指して相手に示します。また、指さしながら相手を見る交流の指さしが見られます（自閉症がある場合に現れにくい特徴の1つです）。
- 対の指さしが見られます。目と目、耳と耳など対になったものを指さし、どちらの指でも指さしができます。また、「もう一つの目（耳）は？」と

聞かれると「もう一つ」がわかり、もう一方も指さします。
- 活動に必要な日常的な記憶力が増大し、人や場所、事物や事象などを再認します。日中の興奮や経験の記憶があるために、夜泣きが多くなることがあります。2～3週間の記憶があります。
- 感受性が増し、声だけで親しい人の誰なのかがわかります。
- 鉛筆を持つと、描画では、曲がってしまうものの、線を描こうとします。紙を渡されると次に筆記用具を渡されるのを待てるようになります。
- 描ける部分を紙に向けて描きやすいように持ち換えます。
- 左右の往復に加えて斜めの往復が描け、さらに円錯画が描け始めます。勢い余って紙の外にはみ出してしまうことも多くなります。
- 描いたものに意図的に意味づけします。外向円・外転円の方向を基本として円錯や縦方向の線が描け始めます。
- フェルトペンやクレヨンで1本ずつ線を描きます。保育者が描いて見せたモデルの線やマルに接近させながら、その外に自分の模倣した世界を再現でき始めます。

1歳3か月での自由画
(画用紙とクレヨン)

1歳前半は手とクレヨンとが一緒に動くような感じで、手を左右に往復させるとか、クレヨンを垂直に立ててトントン打ちつけるなどの行動の繰り返しが見られます。

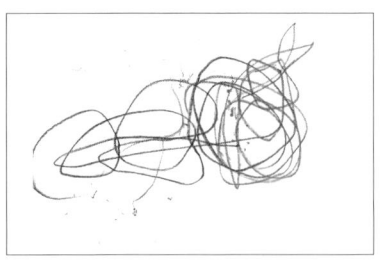

1歳8か月での自由画
(画用紙とクレヨン)

1歳後半になると描画をするということがわかり始め、紙を出すと筆記用具が渡されるのを待ちます。描画は左右の線の往復、斜めの線の往復が描け、さらに円錯画が描けます。モデルがあると模倣したりするようにもなります。

第8章 調整しながら歩く〈1歳後半（1歳7か月～2歳）〉

★1次元可逆操作の特徴★

「～デハナイ～ダ」〈自我の誕生〉

　同じ種類の活動の間に、それらを転換させる対称軸が一つ生じ、行動の切り換えができるようになります。1度にまとめ上げて展開できる活動は1種類。しかし、その活動の中の対関係を操作することができ始めます。

　運動面では、歩行での方向転換や往復、歩行途中での道草（探索）をするようになります。姿勢を切り換えて足から布団に入ったりします。

　この「1次元可逆操作」の活動の展開を通して、「自我」がしっかり誕生してくることが重要です。自分と相手を区別して積木などを配分したり、鏡の中の自分の顔を見て、顔についているシールを取り去り、だだこねから立ち直るなどの姿がみられます。

2　育児におけるかかわり方と配慮

《食　事》

・促されると、子どもたちは苦手な物でも食べようと努力します。励ましながら、食べられる食品を増やしていきます。
・スプーンの使い方が上手になり、器に手を添えて食べることができるようになるので、食べ物の乗せ方、運び方をよく見せて、ひと口の量を知らせていきます（第7章「スプーンの持ち方」参照）。
・離乳食の完了期は、形のある食べ物をかみつぶすことができるようになり、ミルク以外の食べ物から栄養のほとんどを摂取できるようになります。この時期は食べ物の大きさ、固さ、温度を確かめ、一口量の適量を覚える時期です。また、手で持って食べられるスティック状のパンや野菜をかじり取って、自分が食べることができる食べ物の大きさや固さを感じながら食べられるようになります。

《排　泄》
・2歳を過ぎる頃には膀胱の容量も増え排尿間隔が長くなってきます。午睡明けや生活の節目などでオムツが濡れていないことがあったらトイレに誘ってみましょう。排尿した時には、「チッチでたね」と言葉を添えてあげます。すると、オシッコが出たことを自分でも確認することができます。

《睡　眠》
・一度寝になってきますので、午前中に眠りについた後は30分ほどで声をかけて起こすようにします。
・生活リズムが次第に切り換わっていく過程を大切にして、昼寝の長さを減らしたり、就寝を早くしたりします。朝の目覚めが早すぎる時は、午睡時間をゆっくりするなど、食事や散歩などの活動に配慮し調整していきましょう。個人差が大きいので、一人ひとりに応じた細かな配慮をして、リズムを一定にしていくようにします。

《着脱（身辺自立への働きかけ）》
・脱ぎ着しやすい服、靴の型など、家庭と連絡をとりながら、子どもたち自分でしようとする気持ちを育てていくようにします。
・パンツやズボンを自らはこうとするので、手伝う相手の肩に手をかけて、一方ずつ足を上げて通し、両足を入れ、自分で持ち上げる仕方を知らせます。
・大人が子どもに「見ててね！」と見せてあげる経験をたくさん行いましょう。
・着脱は大人と子どもが向かい合って行い、子どもが大人の手元を見ていることを確かめながら介助していきましょう。

3　あそびの援助

《散歩（道草、小走りができる、歩く距離がのびる）》
・子どもの発見や驚きを見逃さずに受けとめ、好奇心や興味を満たせるように

- 危険の判断や行動の抑制力はまだ十分には発達していないので、禁止する前に保育者が素早く行動できるように準備しておきましょう。
- 遊具の組み合わせやあそびを広げられるような場の設定を工夫して、全身を動かして遊べるようにします。

Column

歩きはじめの散歩

　歩きはじめの頃には、十分に一人歩きができる所、坂道を登り降りすることでバランスを取って歩くことができる所で散歩を楽しませましょう。歩く機会が大人も子どもも少なくなりがちな日常ですが、散歩を通して子どもたちの歩きたい欲求を満たし、歩く経験をたくさんすることで足腰を鍛えていきましょう。

　1歳児にとって散歩は、見て、聞いて、触れて、匂いをかいで周りの世界を豊かに感じ取り、思わず言葉が出たり、物と名称が一致して言葉に結びついたりする大切な機会でもあります。また、大人と違って同じコースを通り、同じ場所に繰り返し行くことで、いつも出会えるものに対する期待感が膨らみます。慣れた場所で安心して遊ぶことができ、一度通っただけでは見つけられなかった、さまざまなものを発見します。散歩コースを選ぶ時はこれらのことを大切に選んでいくと良いでしょう。

　大人の目の高さでは見えないものが、子どもの目の高さになると見えてきます。一緒に感動したり、驚いたりする瞬間を大事にしていきたいものです。

《言　葉》
・相手になってもらった喜びを感じることができるように、子どもの気持ちに応じて1対1で話したり、聞いたりする場を多くもつようにします。
・いろいろな物に触れたり、音を聞いたり、匂いに気づかせたりして、子どもが感じたことを大切にしながら、言葉や表情で伝えていきます。
・言葉の発達については、量（語彙の数）だけでなく、どんな時に、何のために、どのように使うかをよく観察します。

《片付けを知らせる》
・あそびの区切りには、子どもと一緒に玩具を片付けるようにしていきます。
・玩具や生活用品の置き場所を子どもたちにわかりやすいように一定にします。同時に、子どもが使ったり、片付けたりできる数を把握して設定しましょう。
・"玩具を出し、片付ける"までを一つのあそびとして捉えて、子どもに知らせていきます。

《友だちとの並行あそび》
・玩具の取り合いなどで喧嘩が多くなりますが、双方に不安や悲しみが強まらないようにします。同時に、他の子どもとのかかわり方を徐々に知らせていきましょう。
・好きな場所で何かに集中している時は、見守りながらひとりあそびを十分にさせます。
・少人数で一つのあそびを一緒にできるように、コーナーを工夫したり、保育者が仲立ちとなります。
・一人ひとりの子どもが遊べるように場所を整えたり、玩具の数に気をつけたり、遊具や用具の点検をこまめに行い、危険物を取り除きます。また、置き場所を身近にしたり、いろいろな生活用具、保育用具、材料を用意し、子どもの試そうとする気持ちが満たされるように整えます。
・2歳近くになったら、手・指の操作を伴うあそびは机上を利用します。目線で取り組めて姿勢が崩れないので、集中して遊ぶことができます。

第8章 調整しながら歩く〈1歳後半（1歳7か月～2歳）〉

《自我を育てる》

- この時期の子どもたちは、新しい場面に対して取り組みが慎重となることが多くなります。特定の玩具やタオルなど「心の杖」「拠り所」に当たる物を持っていることもあるでしょう。それを「こだわり」とみて保育者が無理矢理に離させるのではなく、新しい場面での課題に取り組んでいるうちに、自然にいらなくなっていくように導きます。その過程に心を配り、課題に対するでき方と自我の育ち具合をみていきましょう。
- 自分でする、自分で選んですることを否定せず、選び取る力を尊重して、行動しようとすることを温かく見守りましょう。励ましながら、自我の芽生えを育てていくことが大切です。
- 自我の拡大は、家庭の愛情、友だちや大人たちとの交流など豊かな保育や教育によってもたらされます。その関係を尊重して、自我の育ちを援助していきましょう。

Column

だだこね

　この時期、自我の芽生えから自己主張が明確となり、新たな"だだこね"の力が発揮され始めます。大人の意図や言葉どおりにいかなくなる頃です。

　朝、保育園に行くときに、お母さんが準備してくれたくつ下を「イヤ！」と言って放り投げたりするでしょう。2歳頃には何でも「ジブンデ！」と言い始めたりします。そのような反抗や拒否に対して「いけません！」と無理やり押さえつけてしまうと、次へのステップである、密度の濃い自我を形成していくための意欲が育ちません。子どもにまかせると時間がかかっても、気持ちを認めながら、一番手として子ども自身にやらせた上で次に大人が援助するようにします。

　また、穏やかに語りかけて、どうしたいのか具体的に尋ねたり、あるいは「○○にする？それとも××にする？」と選択肢を提示し

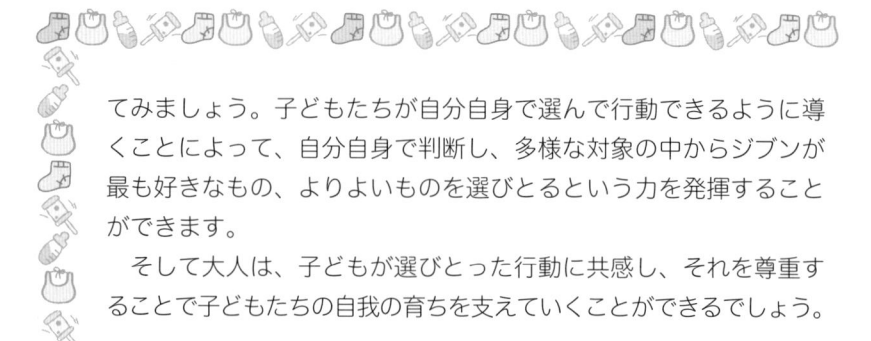

てみましょう。子どもたちが自分自身で選んで行動できるように導くことによって、自分自身で判断し、多様な対象の中からジブンが最も好きなもの、よりよいものを選びとるという力を発揮することができます。

　そして大人は、子どもが選びとった行動に共感し、それを尊重することで子どもたちの自我の育ちを支えていくことができるでしょう。

4　玩具（絵本）

●運動遊具

・引き車、クルクルローラー（手作り）、箱（ダンボール）、斜面台、滑り台、太鼓橋、ボール、手押し車

・ストローボール、ペレット袋（手作り）など

ストローボールに水を入れるとよい。

第 8 章 調整しながら歩く〈1歳後半（1歳7か月〜2歳）〉

・ストローボールは、ボールに入れる水の量を子どもに合わせて調節できます。中身が水でボールも柔らかい素材なので足の上に落ちても安全です。ペレット袋も、同様に安全です。

　つま先立ち歩きや前のめりに歩く子には重心が下におりるようにペレット袋や水を入れたストローボールを抱えさせると、重心がかかとの後ろに下りて安定して歩けるようになります。どちらも1kg前後の重量にします。

●操作的玩具
・チェーンストーン（手作り）、キャップ落し（手作り）、マジックはがし（手作り）、クルクルBOX（手作り）、パズルBOX（円柱型・四角柱型）、型はめ板（○△□）、色玉、重ねコップ、スイッチあそび（手作り）、鍵（手作り）、カートレインスロープ
・コロコロシロホン、プラス10、ひも通し
・タワーリングなど

●構造的玩具
・積木、ペグさし、リグノ、お手玉、チェーンリング、マグネット、Bブロックなど

●再現あそび玩具
・人形、ハンカチ、布、引き出し、布団、手提げ袋、洗面器、ままごと、おんぶひも、エプロン
・三角巾、タオル、皿、コップ、スプーン、胡桃（くるみ）など

●素材的玩具
・砂、水、紙、布、小麦粉粘土、水性サインペン、クレヨンなど

●その他
・オルゴール、車、鏡、ラッパ、絵カード

●絵　本
林明子「くつくつあるけ」福音館書店

林明子「おつきさまこんばんは」福音館書店
谷川俊太郎「もこもこもこ」文研出版
山下洋輔「もけらもけら」福音館書店
柳原良平「かおかおどんなかお」こぐま社
せなけいこ「ねないこだれだ」福音館書店
せなけいこ「きれいなはこ」福音館書店

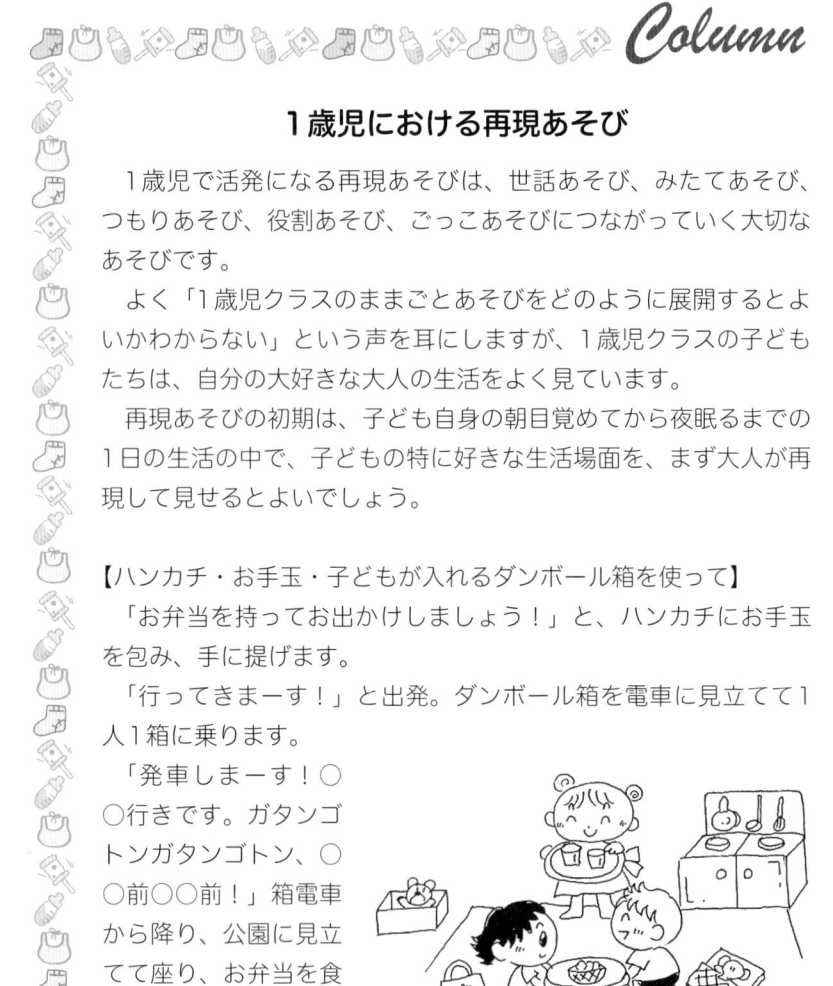

Column

1歳児における再現あそび

　1歳児で活発になる再現あそびは、世話あそび、みたてあそび、つもりあそび、役割あそび、ごっこあそびにつながっていく大切なあそびです。

　よく「1歳児クラスのままごとあそびをどのように展開するとよいかわからない」という声を耳にしますが、1歳児クラスの子どもたちは、自分の大好きな大人の生活をよく見ています。

　再現あそびの初期は、子ども自身の朝目覚めてから夜眠るまでの1日の生活の中で、子どもの特に好きな生活場面を、まず大人が再現して見せるとよいでしょう。

【ハンカチ・お手玉・子どもが入れるダンボール箱を使って】

　「お弁当を持ってお出かけしましょう！」と、ハンカチにお手玉を包み、手に提げます。

　「行ってきまーす！」と出発。ダンボール箱を電車に見立てて1人1箱に乗ります。

　「発車しまーす！○○行きです。ガタンゴトンガタンゴトン、○○前○○前！」箱電車から降り、公園に見立てて座り、お弁当を食

べます。

　ハンカチを開いて「いただきまーす」、お手玉のおにぎりを美味しそうに食べてみせます。

　「ごちそうさま」お手玉をハンカチに包み、箱の電車に乗って帰路に着きます。

　家に戻り、お風呂へ。洋服を脱ぐ、たたむを身振りでして見せ、お風呂上りもハンカチのタオルで体を拭いて、パジャマを着る身振りを演じ、ハンカチを布団に見立てて「おやすみなさい！」と寝て見ます。

・同じように、朝の目覚めからのシーンも子どもたちの生活そのものを丁寧に保育者が演じてみせます。
・食事のシーンでは、単純に作って食べるで終わらないようにします。作るシーンも具体的に丁寧に演じ、出来上がったご馳走を食べた後も食器やお鍋を洗い、拭いて棚に収納するまでをつなげて演じることで、子どもたちのあそびもつながっていきます。

　子どもがまだ、作るだけ、食べるだけ、洗うだけの段階の時は、そのつながりを大人がして見せて、子どもと子どものあそびをつなげていきます。

　こういった役割を大人が果たすことで、子どもの中に自分の生活の再現あそびとしてつながり、発展していきます。大人自身が自分の生活の再現として楽しみましょう。

★発達観察のポイント★

　1歳半と3歳の健康診査では、一人ひとりの子どもたちの人格が健やかに育てられている様子をとらえるために、次のような観点について丁寧に観察します。

　1歳半ば：1）生後10か月の「新しい発達の原動力」が、1歳前半に「1次元形成」のエネルギーの高まりとなって表現され（「〜ダ〜ダ」という活動）、1歳半ばに「1次元可逆操作」（「〜デハナイ〜ダ」という切り換えの力）として獲得されているか。2）自我が誕生し自分を自発的・能動的・主体的に生き生きと表現できているか。単位時間あたりの活動の種類は豊かで密度が高いか。3）運動、手指の操作、認知・言語、社会的交流の各発達局面の間に形成水準のズレがないか。

　3歳：1）1歳後半から2歳前半に「自我の拡大」が実現され、自己主張は明確で力強いか。2歳後半に多様な「2次元」の認識と活動が豊富に柔軟に展開され始めているか。2歳後半から3歳前半に自他を「同じ」にする力が獲得され、「自我の充実」が実現しているか。2）内臓機能の成熟による「感受性の増大」、「身辺の人間的自立」、「自我の拡大と充実」が相互に結びついて発達しているか。3）自我の育ちを支える保育体制が整えられ、これらの発達過程を通じて自分のことを「ワタシ」「ボク」と表現するような自己信頼性が獲得されているか。

　障害がある場合には直ちに必要な援助に着手します。①いつでも相談できる専門職チームを紹介し、②共通の課題をもつ保護者・保育者のグループを作って学習活動を行って社会参加を援助します。さらに、③医療・保育・福祉に関連する行財政政策の課題を明らかにして共同で改善を求めていきましょう。

ぼくの夢は
"警察官" かなあ〜？

第9章
自我の拡大から充実へ
【2歳〜3歳】

　簡単な見立てやごっこあそびが楽しめるようになり、"小さなお母さん"など大好きな大人になりきるかわいい姿が見られます。一方で、この時期は「第1次反抗期」ともいわれ、自我を表現しそれを受けとめてほしいという発達への願いが反抗や抵抗として表れてきます。
　今までにすんなりいっていたことがいかなくなるかもしれませんが、子どもたちの「自分で！」という気持ちを大切にしていきましょう。

《生理的機能の発達「脳の発達」》

- 脳の平均重量は1歳半ばに出生時の3倍（1000g）を超え、3歳までに、ほぼ100gの増加をします。
- 1歳過ぎからα波[注1]が増加を始めます。3歳前頃まではβ波とθ波[注2]が優位ですが、次第にα波が優位になってきます。
- 大脳皮質の中で特に前頭葉が発達し、大脳各葉はさらに成熟脳に近づきます。大脳の左右両半球の働きが同水準になることによって、例えば両手が同様の水準で使えるようになり、また、利き手が決まってきます。
- 脊髄、脳幹、小脳の神経系は髄鞘化[注3]が進み、また神経線維[注4]の長さと横断直径が大きくなり、髄鞘も厚くなります。神経系の成熟がもたらされ始めることによって、慎重な配慮のもとでさらに安定した生活リズムを獲得させることができるようになります。
- 手根骨の骨化は11〜12歳頃10個になります。そのうち3個がこの時期にできあがります。乳歯20本の歯列も揃い、咬合が完成します。
- 腸管は最初の加速的発育期をむかえ、腎臓の構造ができてきて体内の水

分バランスや電解質（注5）の成分バランスなどの調整機能が進み、膀胱の容量も増えます。
- 内臓感覚は鋭敏になり、大脳皮質（注6）の制御を受け始めます。膀胱や肛門の括約筋なども大脳皮質による制御が進み、排泄の自立が進むことになります。
- 脈拍や呼吸、体温の調節などは未熟です。また、肝臓その他の内臓諸器官の代謝機能や内分泌系の調節、水や電解質平衡調節などは、外的・内的条件、特に細菌やウイルスの感染などに対してはまだ不安定な状態が続きます。
- 自己の免疫機能も増し、自律神経系の成熟においても副交感神経に対して交感神経（注7）の優位が確立してきます。このために2歳頃から10歳頃にかけてストレス的暗示を受けることによって自律神経失調症なども起こりやすくなり、2歳後半は吃音の第1始期でもあります（第4章「脳のイラスト」参照）。

(注1) α波―脳波の波形の1つで覚醒安静時に表れる8～13Hzの波（ぼんやり目覚めた状態で出現）。
(注2) β波―覚醒時、精神活動が活発な時表れる14～30Hzの波。
　　　θ波―覚醒時、4～7Hzの波（ウトウトした状態で出現）。
(注3) 髄鞘化―シュワン細胞から生じたミエリン鞘が神経線維を包み込んでいくこと。この髄鞘化によって活動電位の伝導速度が速くなる。
(注4) 神経線維―神経細胞の長突起である軸索が皮膜に包まれたもの。刺激によって起こった興奮を電気信号によって伝えたり、神経伝達物質を細胞体から神経終末へと運搬するルートとなる。
(注5) 電解質―溶媒中に溶解したときに、陽イオンと陰イオンに電離する物質のこと。ナトリウム、カリウム、カルシウム、マグネシウムなど。
(注6) 大脳新皮質―新皮質には神経細胞が数層に並び、感覚・運動機能及び精神活動の中枢がある。旧皮質の神経系は本能行動をつかさどる。
(注7) 交感神経―エネルギーを放出する活動（体温を上げる、心拍数を上げるなど）のときに働く神経。
　　　副交感神経―エネルギーを蓄積する活動（体温を下げる、心拍数を下げるなど）のときに働く神経。

第9章 自我の拡大から充実へ（2歳〜3歳）

I 2歳〜2歳6か月の発達（自我の拡大）

1 全身発達

●運 動
- 斜め姿勢の構えを獲得して、跳んだり、飛び降りたり、ぶら下がったり、動く物を押したり、地面に手をつけて片足を上げたり、股覗きをしたりします。
- 足首同士、手首同士を重ね合わせることができます。
- 音や声、光による刺激に対して、ごく一時的に目をつぶったり、体が強ばったりします。
- 動きの「速い－ゆっくり」「強い－弱い」「高い－低い」などがわかり始め、自己調節でき始めます。
- 棒を使って玩具を引き寄せたり、台の上に上がって高い所の物を取ったりします。

●手・指
- 戸のノブを回す、ミカンの皮を剥くなど小指側の指にも力を入れて外向きの動作もするようになります。
- 手に力を入れて物を持ち続けることができるようになります。
- 小指側の指先に力を込めて押さえたり、ひっぱったり、ねじったりして粘土など素材を変形することができるようになります。

●認 識
- 横線・縦線の模倣が逆方向でもできます。丸が描け、さらに丸の中に小さい丸を描いて似た単位のものを次々と描き、意味をつけ始めます。
- 素材と道具に対して2次元的接近や接触を行うようになります（片方の手で粘土を押さえてもう一方の手で粘土ベラを持って切る等）。
- 積木を積みきった後で、その積木を使って並べるなど他の1次元の活動が展開していきます。しかし、同じ1次元活動の繰り返しではなく、「〜デハナイ〜ダ」という1次元可逆操作が成立した上で、様々な1次元可

逆操作の活動を系列的に組み合わせてあそびを多彩に展開していきます。例えば、積木を積み上げて家に見立てて遊んでいたものを、横に並べてバスにしたりします。その次には、そのバスを動かしたあと手に持って別の箱の中に入れたりするでしょう。さらにはその箱を持って別の場所へ行って新たなあそびを展開していきます（大文字のⅠ次元活動の展開）。

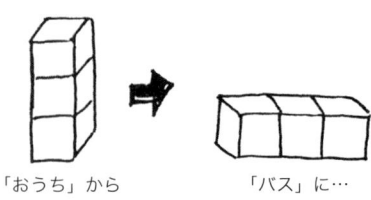

「おうち」から　　　「バス」に…

- 「〜デハナイ〜ダ」という外界への認識の高まりと同時に、自分の持っている物同士を比べて「同じ」という言葉が出てきたりします。
- 対の関係が認識でき始め、言語の指示に対して物事の違いがわかって、その違いを越えてなおかつ同じ性状のものを対応させたり、選びとったりします。そしてそれらの素材を配分したり、相手に渡したりといったことができるようになります。

●言　語
- 自分の名前（通称）を入れて話をし、自分の名前を出して要求します。
- 「チョウダイ」「モウヒトツ」「モウイッカイ」などの要求を表す言葉や、「アッチ」「ココハ」「マタ」「ソレダケ」などの対応や対比のための言葉が芽生えてきます。
- 語の活用が始まるとともに、「ワンワン、イッタ」「ジュース、チョウダイ」など動詞を使った2語文を話し始めます。
- 使える言葉が2歳ごろには300語前後、2歳半ばには500語、3歳には1000語になり、意味のとりにくい言い回しが減ってきます。語彙数は1歳後半の10倍になると言われます。
- 2歳代では、単に語彙の数が増えるだけでなく、「軸語」と「開放語」を組み合わせた対話ができ始めることが重要です。軸語には自分の名前（主体としての自分）や「ワンワン」「ジュース」などの対象、さらに2

歳後半では「ナンデ？」などが用いられます。言葉だけでなく動作や人間関係においてもこの「軸語」-「開放語」を組み合わせた多彩な2次元的活動が展開されていきます。

● 自我の拡大と社会性

- 配分する課題で、自分に最多数、他者に最少数（1個ずつ）の量を配分する傾向が表れてきます。また、自分が欲しい物があると他者に強く要求するなど、自分と他者を明確に区別し始め、重みづけをしていきます。
- 示された課題についての選択が始まり、「イヤ」「イラナイ」という意思表示をするようになります。選択することへの評価として、幼い自我を受け入れ認めていくことがまず第一に大切です。また、その子にとっての明るい見通しを示すことで挑戦する気持ちを育てていきましょう。
- 一見反抗のように見える「イヤ」「モット」をばねにして、自分がやっていることよりモット〜シタイ、という「モット〜」が充実してくることで子ども自身も大きくなる時期です。子どもが表現できる自由さを大人の側が保障していく必要があります。そうすることで、豊かな体験を実りあるものにしていくことができるようになります。
- なったつもりで好きな人や物の名前を言ったり、同意を求めて不安を乗り越えようとします。大好きな人や憧れの人に自我を強く関与させることで社会性へと繋がっていきます。
- 立って待っている間、足がいろいろな表現をします。静止状態に立ち向かおうとしている気持ちの表れでもあるでしょう。
- 病院での診察等の身体的制約に耐えようとし、終わった安堵感とできた自分に対して自信がつき誇らしげな様子を見せます。
- 「手を洗ったら、おやつよ」など、2つの関係がわかるようになります。
- 食事の時などの手伝いが好きになり手伝いたがります。
- 「コンニチハ」「サヨウナラ」「オヤスミナサイ」「イタダキマス」「ゴチソウサマ」ができます。
- 音楽性が発達し、歌や絵本の読み聞かせを好み、テレビをおもしろがるようになってきます（第5章コラム「テレビについて」参照）。

2　育児におけるかかわり方と配慮

●食事（好き嫌い？）
- 食事面では好みが出てきますが、嫌いなものを食べないということとは区別して考えましょう。例えば「ピーマンはきらいだけどすみれ組のおねえさんだから食べてみる」など、子どもが納得して食べるように工夫することが必要です。また、それを認めてあげることで自我の育ちを支えることができます（「〜デハナイ〜ダ」という気持ちを大切にし、力試しをするエネルギーに依拠して2次元の自主選択をさせてあげましょう）。

●排泄（自立に向けて）
- 子どもの排尿間隔が長くなってきたら、一人ひとりの排尿間隔を把握し、あそびの合間をみてトイレに誘ってみましょう。トイレでできた時は子どもの目で確認させ、「おしっこでたね」と保育者が言葉を添えることで膀胱の感覚と視覚の両方で確認ができるようになります。
- 「チッチ」と知らせてきた時には尿意を知らせたことを認め褒めていきましょう。子どもが出ないと言う時は無理に誘わず待ってあげて再度誘ってみるようにします。あそびの切れ目で誘うと素直に促されることが多いようです。

●睡　眠
- 生理的基盤が整ってくることと関連して、朝6時半〜7時半ころには起床し、昼寝は昼間1回、夜は8時頃には就寝と生活リズムもほぼ一定になってきます。この頃寝つきが悪くなったり、夜泣き、寝言、夢、寝ぼけなどが出たりしますが、生活リズムが次第に切り替わっていく過程での姿ですので心配いりません。昼寝の長さを減らしたり、食事やあそび、散歩などの調整をしていきましょう。

　　個人差もまだ大きいので、一人ひとりにきめ細やかな配慮をしながらリズムを一定にしていくようにします。

●身辺の人間的自立
- 2歳半ばの頃には、「自我の拡大」を尊重し援助することを通して「身辺の人間的な自立」を促していくとよいでしょう。

- 子どもが自分で衣服を脱ぐだけでなく、大人が手伝うと、子どもはそれに応じた手足の動作をします。
- 子どもの目の高さに留意し、まずは子どもがやろうとする姿を見守り、次に一緒にやりながら衣服の着脱の方法などを知らせることが大切です。子どもがしたことを温かく評価し、そして子どもがこれから経験する楽しいできごとへの期待をもたせるような働きかけをしていきます。
- この時期には、保育者や保護者が子どもに向かい合って衣服の着脱などを指示するというよりも、子ども自身が自ら大人と一緒に同じことに取り組む中で自立への意欲も高まっていくようです。

Column

夜泣き

　1歳後半から2歳を過ぎる頃にかけて「イヤダイヤダ」「ソッチイカナイノ」など寝言を言ったり夜泣きをすることがあります。昼間の経験が夢に出てきたり、自分の要求が通らなかったこと、例えば"公園でもっと遊びたいのに帰らなくてはいけなかった"や"おもちゃを独占したいのにそれができなかった"など自分の中で納得しきれていないことが寝言や夜泣きとして表れることがあります。子どもが成長して記憶力が増したことによる、精神面の発達の表れでもあります。

　今までなかったのに子どもが寝言や夜泣きをすると親は心配になるものです。昼間の子どもの様子を親にこまめに伝え、子ども自身が納得して行動できるようになると減ってくるということを話してあげると良いでしょう。

3　あそびの援助（再現、世話あそびを豊かに）

- 子どもは、周りの大人がやっていることに興味を示し真似をしたりするようになります。身近な大人がモデルとなり再現あそびや世話あそびへと展開していきます。再現あそびや世話あそびができるような玩具を揃え十分に遊べるようにしましょう。
- 子どもはあそびやいたずらから活動を展開して、手伝いもでき始めますが、大人が「一緒にしよう」という働きかけをすることが必要です。結果よりも「よくがんばったね」など、過程での努力を認めてあげることが大切です。
- 子ども自身が利き手を右か左に確立させる準備をしているときに、大人がそれを無理に変えさせる必要はありません。かえって利き手が決まることを遅らせることになりがちです。また、利き手が決まることと言葉の獲得とが密接に関係しているので、押しつけるのは好ましくないでしょう。さらに、自由に描くことが大切なときに、どちらかの手で描くかが問題にされると描く意欲を失い、描く力そのものに影響を与える場合もあります。
- 玩具、生活用品の置き場所を子どもに分かりやすいように一定にしましょう。
- 手指の操作を伴うあそびを豊かにするには、机上のコーナーを設定し、子どもが遊びたいときに椅子に坐って目線上で取り組めるようにしておくとよいでしょう。机上コーナーの机、椅子ともに子どもの身体にあった高さにします。
- 保育者は、ままごと用具、玩具など、子どもが使ったり、片付けたりできる数を常に把握して設定しましょう。
- 目と手足の協応活動を引き出せるような体育遊具を準備して、体全体を使って思う存分に遊べる機会を豊富に提供しましょう。

4 玩具（絵本）

●操作的あそび
・紐通し（プラスチック製、木製、花おはじき）、筒落とし、型はめパズル（5段階、小から大や多彩な形）

●構造的あそび
・積木、重ねカップ、カットホース、お手玉、Bブロック、洗面器、箱

●造形的素材
・チェーンリング、小麦粉粘土、水性サインペン、洗濯バサミ、紙

●再現・世話あそび
・人形、ぬいぐるみ、布団、タオル、包丁、お玉、まな板、しゃもじ、皿、コップ、スプーン
・フォーク、フライパン、鍋、布、洗面器、バケツ、手提げ袋、食べ物（手作り、フェルトで作った物）

●運動遊具
・肋木、平均台、滑り台、はしご、鉄棒

●絵　本
エリック・カール「はらぺこあおむし」偕成社
グリム童話「おおかみと七ひきのこやぎ」福音館書店
北欧民話「三びきのやぎのがらがらどん」福音館書店
イギリス昔話「三びきのこぶた」福音館書店
五味太郎「みんなうんち」福音館書店
渡辺茂男「しょうぼうじどうしゃ　じぷた」福音館書店

II 2歳6か月〜3歳（自我の充実）

1 全身発達

●運　動

・両足でジャンプして線を飛び越したり、フープの中に入ったり出たりできます。
・片足立ちで両手を上げる、横歩き、後ろ歩きをする、つま先立ち、かかと立ちに挑戦します。
・みんなと一緒に走ります。走る速度は秒速3mに近づきます。
・三輪車にまたがり、蹴って動かします。
・床に描いた線や曲線、飛び石伝いに歩きます。
・腕の交互の曲げ伸ばしができ、手指で表現するモデルに合わせようと手をみて考えたり、他人に見せて受容を求めます。

●手・指

・音や光による刺激に対応させて、両手を同時に開閉することができ始めます。また、左右それぞれの手にゴムバルブなどを持って力を入れて握り続けることが1〜2秒以上でき、たとえ力を抜いてしまっても、大人の励ましがあれば力を入れて握り直すことができます。
・その後、音や光を手がかりとして自ら握り直す自励応答もできるようになってきます。「がんばる力」（自励心）の最初の芽生えです。

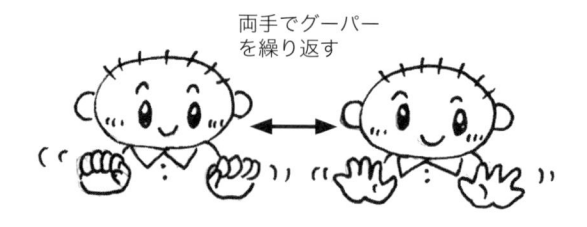

両手でグーパーを繰り返す

・ねじる、曲げるなど曲線の軌道を描く力の入れ方で2段階の展開をさせて、蓋を開けたり、素材を変形させたりといったことができ始めます。

●認　識
- 例えば大－小のマルや長－短の線を描いたり、縦方向と横方向に十字形に交差した線を描くなど、「発達的2次元」の表現が豊富になってきます。また、「〜のつもり」と意図をもって描いたり、描いたものを「〜みたい」と見立てをしたりし始めます。
- 粘土で団子や煎餅、うどんなどの形が作れたり、粘土ベラなどで切って、少し離れた所にまとめたりでき始めます。
- 2次元の対応で2段階による製作・配置ができ、折り紙でも折り目を交差させて形を折ることができ始めます。
- 積木を横に並べて真ん中の上に積むなど左右対称的な2次元（縦－横）の構成ができるようになります（家など）。次には横に並べてその一方の端の上に積むという左右非対称の2次元の構成ができます（トラックなど）。相手のモデルとは別に「自分」の積木構成を行い、自分と相手とを「同じ」にでき始めることが重要です。

「家」　　　　「トラック」

- 人さし指と中指でVサインをしたり、これに薬指を加えて「3つ」ができ始めます。指と事物との1対1対応が2つないし3つまででき始め、2つまでの数が言葉でわかり、2つないし3つの数の物を選びとって、相手に渡すことができ始めます。
- 「たくさん」と反対概念の「少し」、「大きい」と「小さい」、「長い」と「短い」などの区別ができ、目で見ただけで直感的に違いがわかります。

●言　語
- 「イヤ」「モット」「ドウシテ」「ナンデ」などを「軸語」とし、それらに「〜スル」「〜ナノ？」といった多彩な「開放語」を組み合わせて発語することによって自分の気持ちを生き生きと表現することがさらに増えてきます。

- 従属文が用いられ、使える言語が500～1000語近くになります。
- 「良い」-「悪い」、「ゴー」-「ストップ」などの反対概念を入れた対比の会話ができ、相手に第三者への依頼ができ、兄弟や友だちの名前を入れ替えておもしろがったりします。

●自我の充実と社会性
- 器を3つ提示して積木やお菓子などを配る課題では、一旦配った他の人の物に手をつけないで、新しく追加配分が必要になった時には自分のが少なくなっても相手に自分のから分けることができ始めます。「自我の充実」の大事な特徴の一つです。
- 自分と相手との関係の強弱がわかり、それに応じて自我の関与のさせ方を制御し始めます。
- 自分の名前、性別、年齢、クラス名、先生や友だちの名前が言えます。
- 男の子と女の子の違いに興味を示し相手の性別もわかり始めます。
- 子どもが2～3歳になり、自分の体と大好きなお母さんやお父さんの体の違いに気づき始めた時に、子どもの発達や理解力に合わせて、体の各部位の名称や役割を伝えていきましょう。
- 道具を媒介に、2人で組んだごっこ活動ができます。
- 自分も参加して人形の世話をし、友だちの名前を入れた訪問ごっこや乗り物ごっこなどをし始めます。
- 入浴や就寝などのときに自分なりの儀式がみられるようになります。
- 大人と一緒の素材や道具を使って集めたり、混ぜたり、切ったり、運んだり、並べたりという手伝いができます。
- 意図をもって道具を使い、順序が分かり、あそびが一度中断しても自分で再開できるでしょう。
- 大人に聞いてから食べたり、捨てたり、渡したりし始めます。また自分が言ったことをやりとげようとします。

2　育児におけるかかわり方と配慮

●食事（苦手なものは1口から）

・食事の好みがはっきりしてきます。苦手な食品がでてくるとなかなか食べようとしませんが、「○○ちゃんおいしいね」「これ、おいしいんだよ」とまわりの友だちや大人が食べるところを見せることで、食べてみようかなという気持ちになります。まずは1口から、食べようとした気持ちや食べられたことをおおいに認めてあげて、次の一口へとつなげていきましょう。

●排泄（自立）

・排泄の前に「チッチ」「おしっこでる」と知らせトイレに向かうようになります。失敗することもありますが、叱らずに、保育者に教えることができたことを認めてあげましょう。

・排泄では、膀胱の成長にも個人差があるので、それを考慮せず早めに何度もさせようとすると、かえって排泄の自立がうまくいかないことがあります。これを繰り返すと膀胱が一杯にならないうちに出すことになりますので、膀胱に十分尿がたまってなくても反射的に出るようになっておしっこを漏らします。そのため、いっそう早めにさせなければならないという悪循環を生み出してしまいがちです。子どもたちの生理的な成長を見極め、自立を待つことも大切です。

・2歳後半から3歳代にかけては、膀胱に尿がためられ、また、それを感じられるなどの生理的な感受性が高まってきます。また、自分でやりたいという気持ちが育っていきます。それによって自立が促されます。

●身辺の人間的な自立

・何でも自分でしようとする傾向が強くなる一方で、自分でできることと、できないこととが分かり始めます。着替えも「ジブンデ！」と自分でやろうとしますが時間もかかります。自分でやろうという意欲を認め待ってあげることが、2次元の活動と自我の力の発揮の場を保障することにつながるで

しょう。
・服のホックやボタンを自分ではめようとしたり、靴を履こうとする姿が見られます。やり終えるまで見守り、「自分でできたのね」と声をかけてあげると子どもの励みとなります。

●自我の育ち
・この時期、「イヤッ」「モット」「ジブンデ」など反発ともとらえられる言葉や行動が見られます。これらは、大人の働きかけに対して反発しているのではなく、順調に自我が育ってきた表れといってよいでしょう。無理に従わせようとするのではなく、自ら努力してがんばろうとするのを待ってあげたり、選ぶに足る魅力的な選択肢を保育者が提示して、それを子ども自身に考えさせ選択させ、選び取った行動を認め尊重することが「自我の充実」をもたらします。
・子どもの「イヤ」に対して何がなんでもさせようとしたり「イヤ」をそのまま受け入れて放っておくのではなく、落ち着くのを待ち、子どもに2つの選択肢を提示して、その中から自主選択させてそれを尊重しましょう。そうすることによって2次元の世界を充実させ、一方を自主的に選択し決定できる自我へと高めていきます。

3　あそびの援助（素材・玩具を豊かに）

・素材や玩具を何かに見立てて遊ぶことが大好きになります。自分が経験したことの中から、あるものに共通イメージを重ねて遊びます。子どもの発想やイメージがふくらむような玩具、素材を用意しましょう。
・「自分のもの」がはっきりしてきて、他の子どもたちの思いとぶつかり合ったりするので、玩具は同じ物の数を充分に揃えておきます。避けられるトラブルは避けていきましょう。
・物や言葉を媒介にやりとりができるようになり、場を変えたり、道具を増やすことで立ち直ることができるので、「こっちで○○してみる？」という問いかけや玩具の数を増やすことであそびが継続できます。
・素材を単数で棚に並べるのではなく、素材同士を組み合わせたり構成あ

そびや役割あそびで使っている物と組み合わせて出しておきます。
- 利き手には確立していく時期があります。利き手が決まり始める時に、利き手とは逆の手を使う場合が見られますが、そのような場合にも、その意味をよく知って対応することが必要です。

　両手を使うように誘ってみて、利き手側（例えば右手）に持ち換えてもすぐに左手に持ち換えるようであれば、当分は左手でよいから、しっかり描いたり、使ったりすることを励まし、もう一方の手を描いたり使ったりすることも働きかけていきます。この時期はどちらの手でもしっかり使わせていくことが大切です。
- 「もうすぐ3つになるね」など、嬉しい身近な見通しを示し、温かく励ますことで、子どもの気持ちに積極的な遂行力と自励心が育っていくように援助していきましょう。
- 平衡感覚や全身運動をフルに発揮し、挑戦できる体育遊具を十分に準備して、あそびが展開できるように設定しましょう。そうすることによって、例えばガラガラドンになりきって平均台を橋に見立てて落ちないように渡るといったことを子どもたちは生き生きと楽しむでしょう。

4　玩具（絵本）

●操作的あそび
- スナップ、ボタン絵本、カットホース（手作り、大中小）、パズルBOX、パズル、紐通し（花おはじき）

●構造的あそび

・積木、カットホース（手作り）、絵カード（手作り）、お手玉、ジュニアブロック、箱

●造形的素材

・チェーンリング、小麦粉粘土、水性サインペン、洗濯バサミ、紙、折り紙、紐、ロープ、花おはじき、マグネット付き色板（手作り）

●世話あそび・役割あそび

・人形、人形の衣服、物干し、洗濯バサミ、布、アイロン、布団、タオル、エプロン、三角巾、乳母車

・手提げ袋、リュックサック、おぶい紐、医者コーナー、美容室コーナー

●運動遊具

・三輪車、フープ、肋木、滑り台、平均台、はしご、鉄棒

●絵　本

ウクライナ民話「てぶくろ」福音館書店

中川李枝子（再話）「大きなかぶ」RIC出版社

中川李枝子「ぐりとぐら」福音館書店

＊花おはじきのあそび方

　一つの容器に入れておくのではなく器を用意し自分の分がわかるようにしておく。机上に布を置き（自分のスペースがわかるように画面としてわかりやすくするために）並べて形を作ったり色分けをして遊べます。また、ひも通しとしても使うことができます。

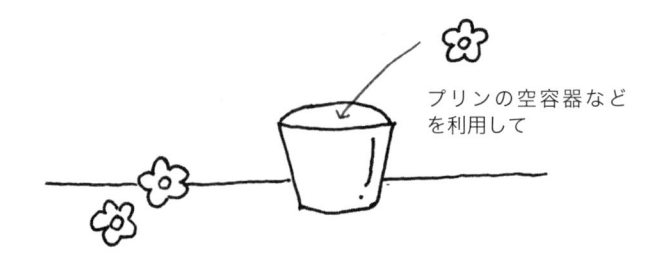

プリンの空容器などを利用して

第10章
自励心、自制心が育つケレドモ、ケレドモ
【3歳〜4歳6か月】

　3歳頃には自我が拡大から充実へと展開をとげていきます。この時期には、"〜シナガラ〜スル"という2つの違った活動を1つにまとめあげることができるようになり、4歳頃にはそれをくりかえしながら"〜ケレドモ〜ケレドモ"と粘り強い挑戦を様々な場面でみせるようになります。

《生理的機能の発達》

- 脳の重量は4歳で平均1200gになり、成人の80%に達します。
- 大脳の左右両半球の神経ネットワークの構築が進みます。それに伴って例えば、3歳半ばまでに片足上げで利き足を上げたり、両利きが見られるようになりますが、4歳過ぎには利き側が決まってきます。
- 中枢神経系が新しい成熟期に入り、姿勢制御に大脳皮質がいっそう深く関与することによって、跳ぶ、走る、よじ登る、投げるといった制御が巧緻性を増し、力強くなってきます。その際、脊髄、脳幹、大脳基底核、大脳辺縁系、小脳及び間脳など、大脳皮質以外の各神経系が正常に機能していることが重要な前提です。
- 発汗量も増え、体温の日内変動がはっきりしてきます。肺活量は800mlに達し、全身持久力も増していきます。
- 心臓などの中心器官の重さが増し、分岐した管も太く、長く、そして細分化が進んで内臓機能の成熟期にはいります。
- 各種の感覚器及び関連機能の感受性が増大し、社会的な複合感情を支えるための生理的基盤が整ってきます。視力も1.0前後になり遠近の区別がしっかりします。また、聴力も青年並みになり、メロディの記憶、匂いの嗅ぎ分け、味の違いもわかってきます。涙腺の分泌も増します。

I 3歳〜3歳10か月の発達（ダッテ……）

1　全身発達

《運　動》

- 目を閉じたまま前進、後退、横歩きに挑戦しはじめます。
- つま先歩き、かかと歩きが3歩以上できるようになります。
- ケンケンやうさぎ跳びに挑戦し始めますが前進はまだ難しく、3歳の初め頃にはケンケンで前進しようとするとあげていた足が降りてしまいます。二つのことを同時にするのは難しいようです。3歳の半ば頃にどちらかの得意な方の足でケンケンができ始めます。
- 四輪車、三輪車などの安定した動体をこげるようになります。

- 左右の手の交互開閉においては、同時開閉が基本となりますが、一方だけを見て開閉させることができたり、胸の前で小刻みにすると3歳後半には交互開閉ができ始めたりします。しかし両腕を伸ばすとできなくなったりする段階です（第9章 p.94イラスト参照）。
- 動作や音や光に手の動きを同時に反応させることは難しく、例えば光や音が消えた直後に手に力を入れて握るなどの姿が見られます。
- 鉄棒にぶら下がったり、ジャングルジムを1段登ることができるようになります。
- 両手に持ったボールを頭上から投げます。
- 階段の昇降では手すりを持って1段ずつ登ります。昇降は自分でしたが

第10章 自励心、自制心が育つケレドモ、ケレドモ（3歳〜4歳6か月）

り手伝われることを拒むことも多いでしょう。
・マットの上で前方回転ができるようになります。

《認　識》
・発達的な2次元の形成に発展が見られます。2次元の対概念が増大し、事象を各種の二つの対比的な関係の概念で認識することができ始めます（例えば、姓 – 名、男 – 女、2歳 – 3歳など）。これらの対の概念を、まず自分について認識するとともに、さらに家族や友だち、先生についてもあてはめて考えることができ始めます。
・積木などを2つの器に配分する課題では「同じになるように分けてください」と求められると、何度も入れ分け、2つの器を正面で対にして比べます。
・目の前に置かれた4つの積木を大人がまずモデル試行として一定の順に叩いて見せます。その後同じように叩くよう子どもの利き手側に叩くための積木を用意すると、大人が叩いた方向とは逆に利き手に近い積木から順に叩くという近道反応が見られます。また途中で叩く順番に折り返しのある課題はまだ苦手です。

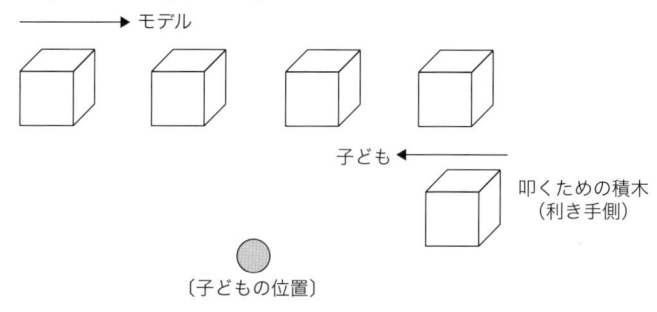

　　　　　→ モデル
　　　□　□　□　□
　　　　　　　　　　　子ども　←
　　　　　　　　　　　　　　　□　叩くための積木
　　　　　　　　　　　　　　　　　（利き手側）
　　　　　　●
　　　　〔子どもの位置〕

・モデルを見ながらの積木構成などでは、作ったものをモデルに近づけて確かめる様子が見られます。赤 – 白、縦 – 横、並べる – 積むといった、2つ1セットの概念は把握できますが、2セット以上が組み合わさった積木構成は難しいようです。大きさ順などに順序よく並べますが、まだ真ん中は理解できません。
・3個までの呼称、概括、選択ができます。3つの単位からなる短文の復唱もできるようになります（例「夏に・なると・暑い」など）。

- 2歳代で閉じた丸が描けるようになり、3歳代で大 – 小、多 – 少、円と線を描き分けます。形としては円を含む2次元描画が多く、紙一杯に描き、円の中に目、鼻、口と「顔」が描け、量産するようになります。求めると「名前」を描こうとします。身近な人や友だちを描き分けます（おとうさん、おかあさん、〜ちゃん）。
- 3歳後半には、「顔」から手足が出て「頭足人」の絵を描き始めるでしょう。その後4歳代では顔に加えて胴体や手足も実質をもって描くようになります。
- 手工では素材の表 – 裏、上 – 下、前 – 後がわかり、紙であれば対称の折り目をつけ、次は折る方向を変えます。粘土ではちぎって2次元の「顔」などを作って名称をつけ、複数個量産します。はさみや粘土ベラがあれば2次元の印を入れて他の部分との間を分割します。例えば、ケーキを作り自分の分と友だちの分との境の線を粘土ベラで入れるなどです。
- 内容の大体、多くのものの共通点を1つにまとめることができ始めます。

《言　語》

- 自分の姓 – 名、性別、年齢がわかり、身近な人の姓 – 名、性別もわかります。自分のこと、自分ですることを「ボク」「ワタシ」「ジブンデ」「ヒトリデ」と言ったりします。
- 2次元の概念を媒介に問答ができ、手を使って説明しようとします。
- 「アトデ（カシテネ）」の意味がわかり、使えるようになってきます。
- 問いと答えの関係が成立し、聞くことをおもしろがり、理由を言って面目を施したりします。例えば、自分の物と勘ちがいして友だちの玩具を使い、問いただされると「ちょっと壊れてないか見ただけだよ」と言って友だちへ返すなど楽しい言い訳が始まります。

《自我と社会性》

- 場面の切り換えが苦手な時期なので出会いの際に顔を隠したり、一所不在の動きを示したりします。このような姿は4歳半ばに消えていきます。
- 構成あそび、想像あそびをし、好きな友だちができて、30分くらい遊

第10章 自励心、自制心が育つケレドモ、ケレドモ（3歳〜4歳6か月）

べます。男の子と女の子で玩具の好みが異なってきます。
- 貸し、借り、順番、交代が見られるようになり、約束、依頼、説得が分かり始めます。
- 新しくできるようになったことはどこまでも自分でしようとし、大人や友だちの手伝いを拒むことも多いでしょう。
- 受け渡したり、運んだり、構成したりする手伝いを一緒にしたがります。
- 人の求めていること、好きなことがわかって一緒にしようとします。

Column

ダッテダッテのおもしろい言い訳―その1―

　3歳児クラスで園庭にミニトマトの苗を植えました。みんなで交代に水をまき育てました。ミニトマトが青い実をつけると嬉しくて仕方ない子どもたち。実が落ちてしまわないように赤くなるまで触らないでおくことを約束しました。が、ついつい触ってみたくなるのが3歳児です。数人の子どもたちが青い実に触り、気付くと一人の子の手にはまだ青いトマトの実が……。

　保育者と目が合ったその子は「だって、ボク何もしてないのに勝手にトマトが……」。

2 育児におけるかかわり方と配慮（身辺自立に向けての援助）

- 時間はかかりますが、衣服の前-後、表-裏、上-下がわかって着脱し、たたんだり、揃えたり、靴の汚れなどを洗うことなどができ始めます。大人は急がせず、余裕を持って見守り、子どもの気持ちとペースを大事にして待つことが大切です。
- 排泄の予告ができ、援助があれば自分でしようとしますが、紙拭きなどまだ確実でないため必ず大人が見守るようにしましょう。洗面、入浴、食事の場面では、細かい部分での介助はまだ必要ですが、基本的には自分でできるようになってきており任せられる面も多くなってきます。

- 実生活の中ではまだ経験できない行為をあそびの中で体験し、自分自身の生活を能動化していけるように保育者は環境面でも配慮しましょう。例えばごっこあそびの用具、用品コーナーを設定し、イメージを広げながらあそびを楽しめるようにしていきます。
- 自分でやろうとしたことをやり通そうとする姿が反抗的にも映りますが、ちょっとしたきっかけや援助があれば積極的な対応になります。表面の姿だけで判断せず、思いを汲み取って接するようにしましょう。
- 大人は3歳になった子どもたちに、「……したいくせに」、「内弁慶なんだから」などとがんばっている自制心に水をかけるような言葉を使うのではなく、自我の育ちを限りなく信頼し尊敬し誠実に対応することが大切です。

Column

3歳児クラス保育実践「年齢より幼い子どもたち」

　2歳児クラスの後半で友だちとのやりとりの方法を習得しないまま進級した、幼い子ども集団を担任した時のことです。

　3歳児クラスになり、子どもたちの中でも"大きくなった"という自覚がはっきりしてきます。

　「良いこと」も「悪いこと」も頭の中では分っているのに、実際の行動と結びつかず、保育者は悩まされることがあります。

　文字や数字などへの関心は早く"もう、そんなことが分かるの？"と驚かされることもある反面、人との関わりになってくると相手と折り合いをつける力やそのために必要な言葉が不足しているように感じました。

　使いたい玩具を友だちが使っている場面で、「かして」と言っても貸してくれない。すると、大声を出す、無理やり取る、叩くという行動に繋がってしまうことも……。そのようなときには、「後で貸してね」「終わったら貸して」「一緒に使おう」など、違う伝え方もあるということを知らせていくとともに、一緒に遊ぶ楽しさ、心地よさを経験させていきたいものです。大人の側も子どもを責めたてる言葉かけではなく、気づかせてあげる言葉かけの工夫が必要となります。また、うまく友だちと関われた時には、おおいに認めてあげて、気持ちよく人と関われる環境を作っていきたいものです。

第10章 自励心、自制心が育つケレドモ、ケレドモ（3歳〜4歳6か月）

II
3歳10か月〜4歳6か月（ケレドモ）

1 全身発達

《運　動》
- ケンケンが左右どちらの足でも5歩以上でき始めます。1本の線の上を歩く直線上の歩行もできるようになります。
- "〜シナガラ〜スル"という行動スタイルをとって、階段を片足ずつ交互に降りたり、足を踏んばって上手投げをしたり、床を腹這いで進むでんでん虫の散歩ができたり、両手を上に挙げたまま両足とつま先でくるっと回るバレエ踊りや、プールで顔をつけて水中を進む亀歩き等ができるようになります。
- 壁のところに倒立することもできるようになります。壁ぎわで手を床について逆さの姿勢をとりながら壁の下の方から足をつけ徐々に上にあげていったり、子どもを手押し車の姿勢にして保育者が子どもの両膝を肩にかつぎ、徐々に足の高さを持ち上げながら逆立ちの姿勢にもっていきます。

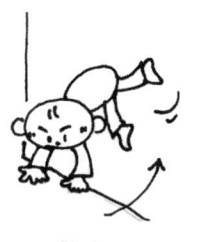

「1人で」 　　「2人で」

- ブランコやシーソーなど不安定な動体に乗っても上手にこぐことができ、バランスを取り始めます。
- 左右の手の交互開閉は、両手が同時になったり間が空いたりということはありながらもでき始めます。
- 音が出たらスイッチを押す、光がついたらスイッチを押すなど、音や光への正の同調ができ始めます。

- 左右の手を内側から回したり、外側から回したりすることが自由にできるようになります。

《認　識》
- 手指の操作や、認識など全てのレベルで「2次元可逆操作」の獲得が進み始めます。例えば、左右の手の交互開閉や、片手に紙を持ってはさみで形を切り取ることなどが上手にでき始めます。
- 「〜シナガラ〜スル」という活動のスタイルが増えていきます。また「〜ケレドモ〜ケレドモ〜ケレドモ」と粘り強く挑戦するようになります。
- 他の人の速度や方向、姿勢に合わせて自分のやり方を工夫することも見られ始めます。
- 3歳後半には、四角構成で2個の直角三角形を外転、内転させて、四角形のモデル通りの形を合成することができ始めます。4歳代では田型2色の模様合成もでき始めます。

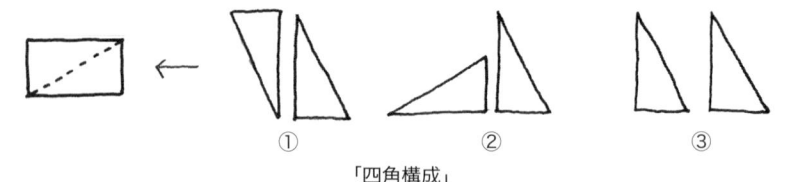

「四角構成」
底辺約5cm、高さ約8cm の同大の直角三角形を2枚使って「長方形」を作る

「田型2色の模様合成」

- 積木の配列では1個ずつ目で対応させながら同じに配列しようとします。また、積木を叩く課題でも、方向の制御が見られ始め、向かい合ったモデルと同じ方向から叩くことができます。順番が右端で折り返しのある課題にも対応し始めるでしょう。
- 5個の積木の塔二つに対して、高、長、大、低、短、小を尋ねられると左右交互に指示をする傾向があります。
- 4個までの呼称、概括、選択ができ、4数復唱ができ始めます。

- 描画は外転と内転ができ、円描画の密度が高まり、顔から対称に手、足が出始めます（頭足人）。名前を描くように求めると文字のように描くことができます。
- 手工でも発達的な2次元が充実し、粘土では球状や円板型にして楊枝などを放射状、あるいは多足状に挿したりするようになります。紐結びができ始めます。

《言　語》
- 複合文が完成し、語彙数が急増します。
- きたない言葉（「バカ」「オシッコ」「ウンコ」など）を多用することによって、想像上の友だちを作りながら修正可能な世界を広げていきます（このような言葉を禁止するのではなく、より調子のいい言い回しができるよう援助していくとよいでしょう）。
- 相手のことをしきりに「アンタ」「オマエ」あるいは「〜さん」というようになり、年長児のしていることを見て真似ようとします。
- 「シバラク」「イッシュウカン」などの時間感覚の表現ができ、さらに過去や未来を表現する言葉を使い始めます。

《自我と社会性》
- 新しい出会いの場面では、首を横に曲げたり横向きに足を出したりしながら自ら気持ちを整えて応えられるようになります。
- 衣服の着脱やさまざまな身辺自立の事項を順序だててやろうとします。
- 自分より年少の子たちのできることを次々と一緒にやり導いていきます。また、自励心、自制心が発揮され、同年齢同士のケンカでは我慢できませんが、自分より小さい子に顔などをつままれても我慢するようになります。
- 言われてできる手伝いが増えて、バケツの水を運んで机を拭くなどの仕事ができるようになります。4〜5人で力を合わせて机などを運んで対称的に大

きな構成をすることもでき始めます。
- 同性で遊ぶことが増えてきます。
- 布や紐などを使って、さまざまな役柄になって遊びます。

Column

ダッテダッテのおもしろい言い訳―その2―

　保育園では子どもの誕生日当日に園長先生からお祝いにリボンをつけてもらいます。

　2月末、待ちに待った4歳の誕生日を迎えたMくん。胸にお祝いのリボンをつけてもらい嬉しそうです。あまりの嬉しさに何度も何度もリボンを触っているうちにリボンはほどけてしまいました。担任が「どうしたの？」と尋ねると「Kちゃんが大きな声だしたらこうなっちゃった」。

　園長先生にリボンを直してもらい、「触るとほどけるから触らないでおいてね」と念を押されました。しかしやはり嬉しくて何度も触り、触っているうちに再びリボンはほどけてしまいました。

　「どうしてこうなったんだろう？」と担任が尋ねると、「急に明るくなったから」とMくん。

　再度園長先生にリボンを直してもらいました。「今度ほどけたら直すのは難しいな、触らないでおいてね」と念を押され大きく頷いていました。

　翌日もM君はリボンを胸に登園しました。でもやはりリボンを触っているうちに三度リボンはスルスルとほどけてしまいました。担任と目が合ったMくん。思わずリボンをTシャツに隠してしまったのでした。

2　育児におけるかかわり方と配慮

- 箸を持つ子が増えてきますが、家庭とも連携を取り、手指操作の機能が十分でない場合にはあそびの中でも箸の扱いを経験できるようにしていきましょう。
- 発達の節目を乗り越えて「～ダケレドモ…シヨウ」、「～ダケレドモ…スルノダ」などの特徴をもった活動を獲得していくときには、拡大、充実した自我が気持ちを折り込み自制しようと努力して、色々な癖や「心の杖」となるもの（タオル、人形、指しゃぶりなど）を持つようになります。そのような姿を、新しい発達段階へ飛躍していこうとするときの支えを求めている姿ととらえて援助していくことが大切です。子育てや保育の中では、そのような現象を少なくすることにだけ目を向けるのではなく、子どもの心の動きを見つめ、「発達的2次元」と「自我の育ち」を豊かにしていくようにしましょう。

- こうしなければならないことがよくわかっていても、そうならない自分を知って身動きがとれず、ワーワー泣いたり、きたない言葉を投げつけたり、乱暴なことをしてしまったりします。

　こうありたいという気持ちと、その気持ちの逆の行動とのあいだにゆれ動きながらも、少しの時間と配慮があれば、それをくぐりぬけ乗り越えていくことができます。

　大人は、「お兄ちゃんがだめじゃないの」など、人格を傷つけるようなことを言ったり、機嫌を早く直させようと「何かを買ってあげるから」と無条件に甘やかすのは、表現は違うようでも同じように誇りを傷つけることになります。自ら立ち直るのを待つことがとても大切です。

Column

箸をもたせるポイント

　箸を持たせる目安は、スプーンやフォークを下手持ちで使いこなししっかり食べられていることです。また、食事の面だけでなく、描画の際にも鉛筆やペンが正しく持てているかどうかもポイントの1つです。

　紙を持ちハサミで紙を連続切りできるようになるなど、両手の協応がしっかり経験できていることも、上手に箸を持つことへの近道となるでしょう。フェルトなどの滑りにくい素材を使ってつまみやすい大きさのものを作っておき、箸でつまんで器に入れるようなあそびを取り入れてみるのもよいと思います。

　箸を正しく持つことで食べ物がつまみやすくなります。"つまめない"というストレスをなくして食事を美味しく楽しみたいものです。子どもの機能や経験が十分でないうちに子どもが持ちたがっているからといって持たせてしまうと、上手に持てず思うように使えないことでイライラしてしまったり、正しく持つことを諦めて握り箸になってしまいがちです。また一度ついてしまった持ち方のクセはなかなか直しにくいものです。上手く持てない時には一度スプーンに戻してみることも必要です。

　箸を持つことを急がせず、箸を使って食べたいという気持ちを育て、そして十分に機能が備わったのちにスプーンから移行して行くとよいでしょう。

　箸は日本の文化でもあります。家庭と連携して、箸のマナーと同時に食事のマナー（正しい姿勢で食べる、肘をテーブルにつかないなど）も大切にしていきましょう。

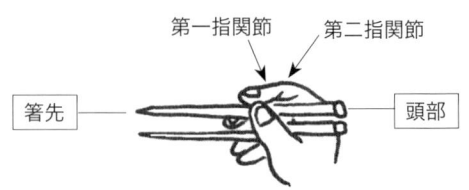

第一指関節　第二指関節
箸先　　　　　　　　　　頭部

★箸を上手に使うためには、まず箸を使って食べたいという気持ちを育てていくことが大切です。その上で、正しく持つと上手に美味しく食べられるということを実感できるよう導いていきましょう。

第11章
自励心、自制心の発揮
【4歳6か月～5歳0か月】

　4歳代に入ると、2次元可逆操作（2つの活動を切り換える力）を獲得することによって、身辺の自立が新しい段階に進み、社会的行動が拡充し、自励心と自制心が豊かになってきます。積極的な自励心と自制心を持つことによって子どもたちは、何にでも挑戦し、自分自身を鼓舞して「～ダケレドモ～スル」といった活動を随所に展開するようになります。

　自分と相手の間で活動を切り換えたり、使いたいけど貸してあげる、疲れたけどがんばるといったことができるようになり、友だちとの関係が拡がっていきます。

1　全身発達

《生理的機能》

・足根骨は9個と成人と同じになり、手根骨も4～5個になって成人の半分にまで達します。

・眼球の動きでは、顔を正面に向けたまま、指示に応じて上下、左右に動かすことができ始めます。

・睡眠時間は夜間の9時過ぎから翌朝7時過ぎまでの10時間ほどになります。眼球運動が急速に行われるREM睡眠は、それ以前に比べて約20％減少すると言われています。昼間の睡眠時間は、2時間ほどになります。

《運　動》
- 直立二足歩行が、さらにしっかりとした足取りになり1時間以上の散歩ができます。歩行では1歩ごとに足の母指球に力を入れてキックして歩いていくことができます。
- 走るスピードも増し、跳べる幅や飛び降りられる高さも伸びます。
- つま先歩行やかかと歩行がしっかりでき始め、向きを変えることもできるでしょう。
- 平衡感覚もさらに高まり、片足立ちでは5秒以上10秒くらいまで持続でき始めます。
- 移動や動作を2次元の言語指示で制御できるようになります（片足をあげる〜おろす、進む〜止まる、速く〜ゆっくり、強く〜弱くなどの言葉での指示がわかり、応えようとします）。
- ある2次元の制御と他の2次元の制御を統一して「〜シナガラ〜スル」という制御のスタイルが獲得されていきます。例えば、片足を上げて前進します。どちらの足でも「ケンケン」ができ、両足屈伸跳び「うさぎとび」ができるなど、2種類の2次元の活動を同時に行います。
- 足を伸ばさず腰を落として手を頭側につけて、5秒以上連続して跳び続けることができます。
- 平地では、連続してでんぐり返しやタイヤ跳びをしようとします（重心の連続的な移動と制御ができ始めます）。
- 棒をよじ登り、足ではさんで滑り降りようとします。綱にぶら下がって跳びます。
- 両足を持ち上げてもらい両手を床につけて前進します（手押し車）。
- 夏にはプールあそびで潜水ができ、保育者の足のトンネルを水にくぐって抜けていくことができ始めるでしょう。
- 左右のどちらの手の指でも「キツネ」ができます。また、「コンコン」と言いながらリズミカルにキツネの口を開閉させることができ始めます。
- 急な山道や岩山に登り、小山があればその斜面に走り登り、走り降り、横跳びをします。滑り降りながらボールを蹴ったりします。

自励心、自制心の発揮（4歳6か月〜5歳0か月） 第11章

・両手の交互開閉が確実になり、腕を伸ばした左右の手の交互開閉が15秒以上できます。しかしながら、自分ひとりで「カン、カン、カン」等と発声しながら左右の手を交互に正確に連続して切り換え操作するよう求められると、まだ揺らぎがみられます。言語の面で、もう1つの次元（発声）が加わって3次元の課題になるからです（第9章p.94参照）。

・滑り台では、下から手を使わずに走って登ることを試みるでしょう。また鉄棒の逆上がりにも何度も挑戦します。
・両手の協応操作が確立し、道具を使った製作活動への関心と意欲が高まってきます。

《認　識》
・モデルの叩き方どおりの順番に4個の積木を叩く課題では、近道反応（第10章p.103参照）がなくなり、モデルと同じように、目で見たものを記憶して手に持って方向をまちがえずに再現して叩けるようになります。また、2回以上逆方向へ叩き方の折り返しのある課題であっても、課題どおり可逆的な操作ができ始めます。
・左右の目の交互開閉や眼球運動の制御は、まだ自由にはできません。
・手の操作のレベルで、保育者のモデルに合わせて修正、改善が行われるようになります。
・簡単な道具を使って、紙に印刷します（版画、スタンプあそび等）。
・粘土の造形では、全体を変形させるだけでなく、全体の中の小部分を小さく変形させたり、他の形と組み合わせて調子よく「ジュウイッピキノネコ」等と命名してみたりします。

- 3歳代で大小のマルの2次元が描き分けられるようになったのちに、4歳半ばには「逆円の描画」ができ始めます。外転円を描くとともに、その反対の内転円も描けるようになります。右手でも左手でも利き手優位を示しながら、基本的にはどちらの手でも同じ水準のものが描けます。

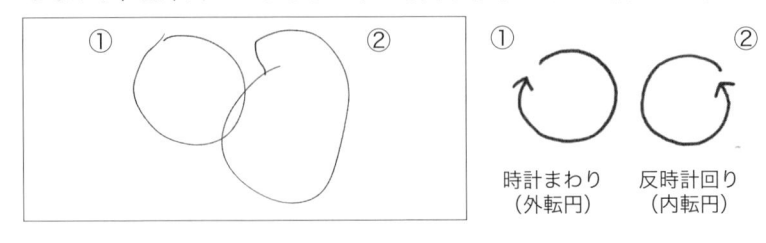

右利きの子どもの外転円①と内転円②（5歳0か月）

- モデルがあれば、四角形や三角形を描き分けつつ、角や辺をとらえてまとめることができます（目と手の協応も巧みになります）。
- 絵の中に地面、家、部屋、坂道が現れます。
- 横から見て非対称である積木構成で、縦－横の2次元に加えて3次元めの斜めの特徴が含まれている階段構成等に挑戦し始めます。構成においても立方体の積木による異色4分割の構成の課題で、斜め模様が入っている課題に挑戦し始めます。
- 長期にわたる記憶の力が増してきます。例えば6か月前に会った人のことを覚えているようになります。
- 配列では、2色2段で「余り」の出る各種の対称モデルに挑戦し、余りを除外せずに自分とモデルの双方に各種の対称性を持った追加配分をし始めます（イラスト参照）。

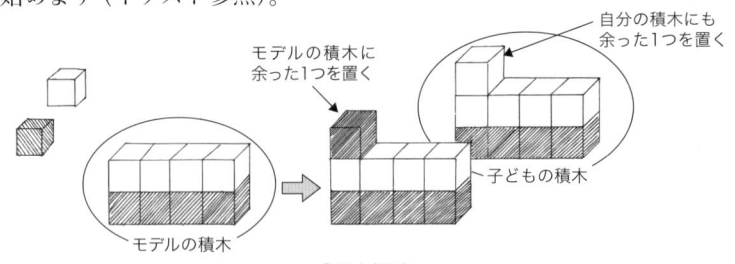

「積木構成」
＊余りを自他に配置して生かす。

自分の構成物と相手の構成物（モデル）の双方に1個ずつ載せて、数も「同じ」にする。

第11章 自励心、自制心の発揮（4歳6か月～5歳0か月）

- 比較では、重－軽、左－右、5個以上の数の間の多－少、弱い－強いといった対比的な評価や2段階の評価ができます。大きさや長さの3次元的な序列が分かり始め、それによって「真ん中」「中央」といった中間項の認識が芽生えてきます。
- 数の理解においても10個以上まで数え、概括し始めます。5個以上10個までの数を選択することに挑戦し始めます。
- はさみを使って、単純な直線切りではなく、円の形などを線に沿って切り抜くことが可能になります。
- 描画においては、4歳代に「顔」から手や足や胴などが出て、そのあと胴から手や足が出る「人間」を何人も描くことができるようになり、その間に区別をつけることができ始めます。さらに、5歳代では前向きだけでなく、横向き、後ろ向きの絵にも挑戦し始めます。また、形の描画では、四角形、三角形、ひし形の角や辺にも注意を向けて描くことができ始めます。

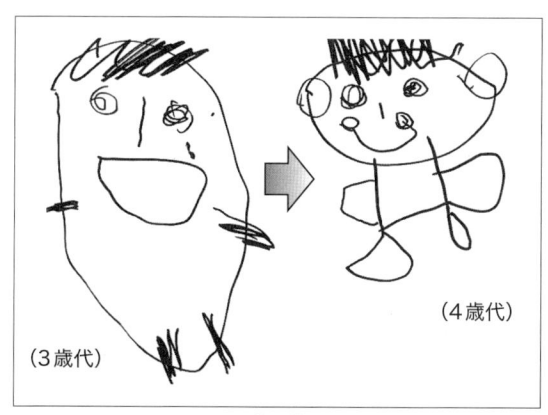

（3歳代）→（4歳代）

自画像

- ままごとや印刷あそびなど簡単な手順を持ったものの量産に挑戦し始めます。「斜め」や「同じ」や「余り」への挑戦がなされ、2次元可逆操作の力を活用し、対称性の理解に基づいた創造的な解決が見られ始めます。
- 5個の積木の塔二つに対して、高、長、大、低、短、小を尋ねられると、一方を「高、長、大」、他方を「低、短、小」に分けるという2群化が見られます。

- 4段階の大きさや長さ、色などの違いがわかり、絵の塗り残し部分を見つけます。
- 「〜ダケレドモ〜スル」「ダッテ〜ダモン」といった経験則に基づく理由づけを用いた2次元可逆操作が行われ、それによって積極的な「自励心」と「自制心」の形成が進みます。そのような自己制御力が獲得されることによって自分や対象に新たな発達的な価値を発見し、認識することができ始めます。その力をもとに自らには誇りを、他者にも自分と同等の心の動きがあることがわかって優しく温かく接することができ始めます。

《言　語》
- 「ダッテ」を使い、はっきりと自分の理由を持った主張になります。
- 「キョネンノナツ」などの社会的な記憶や、「イヤラシイ」「ナツカシイ」「ニクラシイ」などの社会的な複合感情が出てきます。
- その日にあった出来事を接続詞を使って複文で話せるようになります。多弁になり、言葉が生活を作るようになります。
- 「マアマア」などの中間項（「あいだ」の世界）を意識しはじめた表現をするようになります。中間項の認識は、相手の微妙な感情表現の変化（顔の表情や言葉の意味）を感じ取り、気持ちをキャッチする力につながっていきます。

《自我と社会性（他者との比較）》
- 初歩的な幼さを持っていますが、「自励心」「自制心」が随所に芽生えます。系列的な2次元可逆操作の働きが生まれてきます。これまでできなかったことでも、「〜ダケレドモ〜スル」「〜ダケレドモ、ケレドモ、ケレドモ…」という心の働きを駆使して気持ちを前向きに一つにまとめて乗り越えたり、嫌なことでもプラスに変えていくよう努力するようになるでしょう。

　例えば、恥ずかしくても出迎えられる、難しくても課題に立ち向かうことができるなどです。手指で表情を加えながら顔を相手に向け、挨拶ができ、お話ができるようになっていきます。

第11章 自励心、自制心の発揮（4歳6か月〜5歳0か月）

- 内面世界の広がりをもとに役割が果たせるようになり、また、2次元可逆操作の力を駆使して「マイナス」を「プラス」に変えることができます。それゆえに、「寂しいケレドモお留守番をする」といったことが可能になるわけです。一方で、心配もし、他方で喜びもこみ上げてくるようになり、それを他者に伝えずにはいられなくなってきます。
- 積極的な自制心は、何にでも挑戦し、成果を受け入れる誇り高き自制心になります。自分から新しい行動に挑戦することを通じて粘り強い克己心を育てていきます。
- 自己を鼓舞して粘り強く頑張れるようにもなります（自励心）。自分の欲求を自制し我慢します。痛くても我慢するようになるでしょう。間違ってもそれを良き間違いとして次に生かしていこうと努力します（自制心）。自分があらかじめできないことが見通せる場合には、ためらったり躊躇することもありますが、自分の活動に価値を見い出して自信をもち自己信頼性を培います。
- 理由が分かって大人の評価に従って行動することもできるようになります。自分の理由を上回る理由を前にしたり、楽しみにしていた約束が破られるとやり場の無い怒りをぶつけてくることもあるでしょう。
- 人間関係においても自らの意思をもとに励みながら調整します。家族だけでなく、近隣社会へも目を向け、友だちを誘って遊びに出かけたりもし始めます。
- あそびの面でも言葉遣いの面でも、わざと乱暴なことをしたり言ったりしながら、修正可能な世界を広げます。そうすることで積極的な自励心・自制心を働かせる範囲をいっそう広げ、いろんな場面で自励心・自制心を発揮できるようになっていきます。
- 仲間同士で手をつないで助け合うことができ始めます。年少者の世話をし、導くこともでき始めます。面倒を見る感情を豊かに発揮し、年少児の手を取って導く、誇り高き4歳児の姿です。その時、相手と自分との共通点を引き出し、相違点を受容する特徴が見られ始めます。
- 社会的な「参照行動」が増え、相手が何をしているかが気になります。友だちの作品ややり方をモデルにして、その表現方法を参照し、取り入れ

て、自己の表現方法（自分自身のあり方）を修正し発展させていきます。

2　育児におけるかかわり方と配慮

・自励心・自制心を育てそれを発揮していく過程に即して、その努力を認め、受け入れてあげてほしいと思います。
・生活習慣が一通り身についていきますので、一日の生活の流れを見通して行動できるよう援助していきましょう。一日の生活の中で「活動－休息」「静－動」をうまく組み合わせ、疲れを残さないように生活の流れを考えていくようにしましょう。
・規則正しい生活リズムと行動習慣を家庭と協力し合いながらともに作っていきましょう。例えば、大便の後始末が自分でできるように指導していきます。また、保育者に言われなくても自分の判断でトイレに行けるようにしていきましょう。
・集団生活に必要なきまりを当番、グループ活動、係活動を通して自分たちで作り出せるように導きます。また、部屋の片付けやあそんだ後の後始末は、みんなでできるようにしていきましょう。

第12章
真ん中の発見
【5歳0か月～5歳10か月】

　5歳代は、質的に異なる3つの活動を一度にまとめ上げて表現できるとともに、その3つの活動を連続して切り換えるといった「発達的3次元」の力が芽生える時期です。自分を中心に（真ん中に置きながら）、空間的（例えば前・横・後ろから見た自分）、時間的（昔・今・将来の自分）、力動的（力の入れ方を強・中・弱）な変化をとらえて表現することができ始めます。それらの力をもとにして、自分自身や友だちを多面的・形成的にとらえて温かく繊細に評価することができるようになってきます。また、集団のルールに従って生活ができたり、集団でのあそびが盛り上がってきます。友だちとの言葉のやりとりができるようになり、自分の思いや気持ちを表現しあうようになるでしょう。

　生活のルールを守ることによって気持ちよく過ごす心地よさがわかり始めます。当番活動やグループ活動を責任を持ってやろうとしたり、やる意義がわかってきます。自分たちのことを自分ですることで自信が持てるようになってきます。

1 全身発達

《生理的機能の発達》
・覚醒時の脳波などはこれまでに比べて測定しやすくなります。基礎波は規則正しくなり、α波の優位律動が数秒続くことがあります。大脳皮質の脳波の活動においては、目を開いたり物語に聞き入ったりする時にα波律動の非周期化がみられ、優位になったα波の周波数は次第に大きく

なり、4歳児の約7Hzから6歳児の平均8Hzになります。また、平均振幅は4歳児の100μV（マイクロボルト＝電気の強さ）近くの高い値から6歳児の70〜80μVにまで低下してきます。
- 脳波では、3歳過ぎからα波の成分が他の成分よりも増え始め、5歳過ぎから10歳ごろまでに頭頂葉から前頭葉にかけてα波成分の増加が進んでいきます。一方で、ニューロン（神経細胞）においては5歳ごろからすでに「老化」が始まることが知られており、前頭葉の前頭前野などでは単位容積あたりのニューロン数や1個のニューロンあたりのシナプス数はゆるやかな減少期に入ります。
- 経験や学習によってニューロンの回路網がさらに形成されていき、それによって幼児語も改善されてくるでしょう。中脳による立ち直り反応も5歳過ぎに消失します。
- 3歳頃から下垂体成長期が進み、成長ホルモンの分泌促進によって体型が6頭身になっていきます。
- 骨年齢を示す手根骨の骨化（発達過程において骨組織が作られること）が進みます。5歳に月状骨（左右の手に1本ずつ存在し、三角骨、豆状骨、舟状骨とともに近位手根骨を構成している）が出現することによって5個になります。

《運　動》

- 足が地面から離れても、さまざまな抵抗をもった動体に乗ったときにも、手と足を協応させて上手に調整し制御でき始めます。そして不安定さに打ち克って各種の前進制御をする力が徐々に備わってきます。
- 手と足の前進方向の動きに対する左右対称の協応制御（2次元可逆操作）と発達的3次元の力の芽生えによって、なわとび、跳び箱、棒のぼり、平均台歩き、鉄棒の逆上がりなどに挑戦できるようになってきます。
- 力の入れ方を強中弱、長中短の3段階に調整し始めます。それによって円滑にまたタイミングよく力を制御できるようになるでしょう。
- 立位姿勢での静止制御では、ほんのしばらくの間目をつぶって立つことができます。目を開けての片足立ちも10秒間くらいでき始めます。歩行では、

第12章 真ん中の発見（5歳0か月〜5歳10か月）

かかと歩きやつま先歩きも5秒以上でき、スキップもできるようになります。
- 相手と1.5mくらいの距離があっても、その間でお手玉を投げたり、受け止めたりすることができます。投げる、受けるといった運動での初期のコントロールもでき始めるでしょう。
- 大人と一緒に山登りやプールでの泳ぎなど新たなことにも挑戦し、がんばる姿が出てきます。

《認　識》
- ふた手に分かれて関係を持つ世界ができ、その間にそれぞれのルールができ、やり取りが成立します。敵と味方、先生と生徒、売り手と買い手、読み手と聞き手など、自分たちの世界と相手の世界の関係が豊富になるとルールによるやり取りができて、役割の交代が成立してきます。
- なわとび（走って-回して-跳んで）、タイヤとび（手をついて-跳んで-立ち直る）、向かい合ったあやとりなど、3節1単位の活動制御がしっかりしてきます。
- 対のものの比較が細やかになります。微細な違いを感じ取って、正面、上-下、右-左、などの3次元的な比較をするようになります。例えば5個の積木を積んだ二つの塔の高さの比較に対して、どっちが高いかを問われて、「ワカラナイケドオナジクライ」「ドッチモオナジ5コト5コ」など、問われた言葉とは違う「オナジ」という言葉で答え、理由を言えるようになるでしょう。「理（ことわり）知りそめし思考の誕生」です。
- 高い-同じ-低い：長い-同じ-短い：大きい-同じ-小さい、の関係の中で中間項が基軸に成立してくるので、同じ高さの2つの塔について多様な問いかけをされても、「オナジ」と答えられるようになります。認識の深いところで「オナジ」が分かってきます。
- 話し言葉に文脈をつけようとします。「アノネ、エートネ」「ソレカラネ、エートネ」「ドウダッタカナ、ウーン」「ワカラナイ、ダケドネ」など、分かっていても困ることに筋道をつけて、伝えようとする様子が見られるようになります。「アノネ、エートネ」といった言葉を駆使し、話す中身が3次元の概念を用いて繋がってくるでしょう。

・造形表現が新しい段階に入ってきます。作る前に作ろうとする物を頭に描き、「縦-横-斜め」「縦-横-奥行き」「縦-横-高さ」などを意識してとらえ3次元の造形を行い始めます。絵画表現でも同様に、基底線が生まれ、画面を3つの単位に区分したり、上部-基本部-下部に分けて描きます（上部に太陽・月・星など―基本部に人・家・乗り物など―下部に土・海の中など）。

「芋掘り」

・大中小の系列円を描き始めます。紙をつないで道順を描きます。前、後ろ、横方向から見た自画像（自己多面視）、昔-今-将来の自分の成長過程（自己形成視）を描画で表現します。

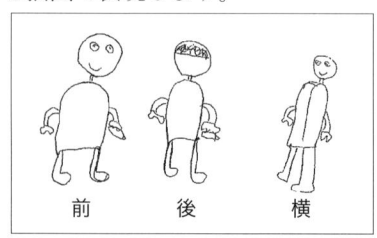

三方向画（自己多面視）

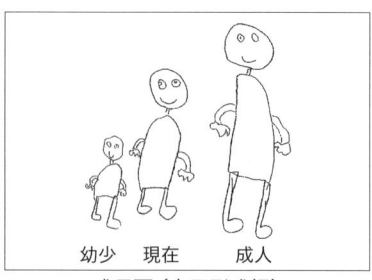

成長画（自己形成視）

第12章 真ん中の発見（5歳0か月～5歳10か月）

- 真ん中の世界を発見します。それによって自分を中心とし、基軸としての中間項の認識をもとに、新たな3次元の関係を多面的に成立させていきます。例えば「ココ－ソコ－アソコ」、「真ん中－前－後」、「ここ－上－下」、「アッチ－コッチ－マンナカ」などです。
- 時間軸の上にも3次元が形成されていきます。例えば「サッキ－イマ－ツギ」、「キノウ－キョウ－アシタ」、「ハジメ－ツヅキ－オワリ」などです。
- 「道」がとらえられます。自分の経験にもとづいた手がかりを使って家から保育園までの道順を話すことなどができ始めるでしょう。

《言　語》

- 幼児語を使わなくなり、生活的な感情を言葉で表現し、相手の言葉を聴いて話し言葉を使っての問答ができるようになります。言語に力強さやニュアンスが備わってきます。言語活動が思考の手段となります。
- すじ道のある物語を読んでもらうことがさらに好きになり、自分でも拾い読みができるようになります。
- 必要な生活語、あるいは歌やコマーシャルを覚えて口にする生活語を、地域や時代を反映して身につけます。語彙数は約2000語に達し、その約60％が名詞、約15％が動詞といわれています。物事の相互関係が正しくとらえられることによって、「を」「に」などの助詞の使い方が正しくなります。
- 生活経験を蓄積しながら、「一番うれしいこと、一番かなしいこと」など方向性だけを示した質問に対して経験をもとにした自己限定を（例えば、「一番うれしいのは先生にほめられたとき」「一番かなしいことは叱られたとき」など）することができるようになってきます。「一番」ということに新たな関心を持ち始めます。
- 姓名の苗字と名前を区別し、自分の姓名が言えるようになり、ひらがなで書こうとし始めます。また、苗字が同一家族に共通であることがわかります。
- 「一番遠い所と一番近い所」を尋ねられると対比的なとらえ方をして答えることができ始めます。「一番嬉しいことと一番悲しいこと」では、みんなですることが嬉しいことで、その逆が悲しいことであるというような、体験をもとにした対比的な感情の言語表現がみられます。「一番

したいことと一番嫌なこと」では、しなければいけないことは分かっていて、他のしたいことのためにサボりたいというようなことも言うようになります。「一番好きな人と一番嫌いな人」では、選択理由も説明することができ始めるでしょう。
- 言葉でははっきり答えられますが、答える時には寝転んだり何かをかぶっていたりなど、いわば気持ちをバウンドさせるかのようにして答える様子がよく見られます（照れ隠し等の行為）。

《自我と社会性（グループ活動に取り組める）》
- 5歳になると社会性を培う世界が豊かになってきます。それ以前の活気に満ちた4歳児に比べると「新しい発達の力」の発生前の重みをもっているかのような落ち着きと協調性を備えていきます。
- 人間関係や感情の調整ができるので手伝いなどもしたがるようになります（お母さんや保育者の喜ぶことをしたがります）。手伝いの中でも焦点をもった調整ができるために落ち着いた行動がみられるようになってきます。
- 「発達的3次元」の力をもとに、自分自身や友だちを多面的にみて、きめ細やかな評価や励ましができ始めます。例えば、「練習して段々上手になってきた」「とび箱は下手だけど鉄棒は上手」と言うなどです。
- 描画では、前後方向からみた自分の人物画だけでなく横向き（横顔）の自分を第3の視点でとらえて描けるようになります。これは他者の視点から自分を客観的に見る力が芽生えていることを示します。
- 身辺の自立がさらに進み、起床・着脱・布団の上げ下ろし・排泄・洗面などは、ほとんど自分でできるようになります。
- 大人には大人の言葉を真似て使ってみたり、赤ちゃんには赤ちゃんの言葉を使うなど、相手の条件を繊細にとらえて対人的な調整ができ始め、相手に応じた言葉を使うことができるようになります。
- 集団の影響を受けて、それに従おうとするので集団的な帰属性が高くなります。一方で、それによってグループ活動に生き生きと取り組むことができるようになっていきます。
- 交通ルールを守ることや盆踊りの踊り方を身につけようとするなど、ま

第12章 真ん中の発見（5歳0か月～5歳10か月）

だみちすじやルールがわかっていない未知のことに対しても、新しい関心をもち興味をもって活動し始めます。これらの活動を通して、目的からそれてしまうことなく、人間関係を調整しながら上手に振る舞うことを学んでいきます。

- 自分のしたいことを場面に応じてしようとし、そのことを報告し承認を求めてきます。その努力をほめてもらえることは大きな歓びになります。

Column

自己信頼性を培う活動

☆できたことを、友だちに主体的に教える☆

　生活やあそびの中で子どもたちが「やって！」「できない！」という場面があった時、できなくて困っている子どもに対し、力になれる子どもの存在を知らせ、「○○ちゃんに教えてって聞いてみたら？」と投げかけてみます。できる力を持った子、教える力がついた子どもは、「相手にわかるように教えてあげる」（教えることに苦労する経験や工夫して繰り返し教えることが力になる）ことを通して、「ありがとう」と相手に喜んでもらったりする経験を積み重ねることによって、自分に自信を持つことができるでしょう。「できた」という体験を出発点としてそれを確かな「できる力」に高め、自己信頼性を培うことができます。クラス集団としても相手の力や良さを認め合い、「ありがとう」と温かく的確に評価し合う活動と経験を積み重ねる中で、互いを思いやる優しさや喜びが広がります。

　子どもたちに「教える力」を獲得させていくためには、保育者は「～ちゃんに教えてごらん」と指示を出して教えさせるだけでなく、その子が主体的に「教える力」を発揮することができるように別の子に「～ちゃんが上手に作ってるみたいだよ。～ちゃんに教えてもらったら？」と働きかけるとよいでしょう。集団関係に働きかけることがポイントです。仲間の中でのこのような教え合いを通して「自己信頼性＝自信＝自立性」（Self-Reliance）が形成されていくことになるでしょう。そして大人も、たくさんの「ありがとう」や「いいね！」「大丈夫だよ！」の声をかけましょう。

2　育児におけるかかわり方と配慮

- 自己信頼性を育むことを基本に、生活習慣を自ら確立できていくよう丁寧に援助していきましょう。
- 身の回りのことが一見できているように見えても時々手抜きになっている場合があります。点検や声かけをして最後までやりきらせるように手助けします。また、それらが家庭でも保育園でもできるようにしていきましょう。
- 身の回りのことが手順よくできているか、また、段取りよくできているかを確認して、子ども自身にも気づかせていきます。
- 自分で自主的に自己の身体の管理ができる力をつけさせていきます。例えば気温の違いや変化に合わせて衣服の調節をする、生活の中で見通しを持ち、自分で判断してトイレに行くなどです。
- 自分の物を管理することができ、集団の物と自分の物を区別し、整理できるように導いていきましょう。
- 保護者の協力のもとで、家庭でも家事の一つを分担させるなどの取り組みを行い（靴をそろえる、食器を並べるなど）、家庭生活でも手伝いを大事にして、子どもたちが自分自身が家族のために役立っているということを実感できるようにしていきましょう。
- 人形や絵本、すごろく、カルタ、トランプ、ゲームといった「変化」のあるもの、「すじみち」をたどって楽しめるものに興味関心をもつようになります。家の中でゴロゴロすることもありますが、4歳以前のゴロゴロとは違って、体を捻り、回転させ、手足を屈伸させながら、すじみちのある絵本を眺めたりしているでしょう。一見ネガティブに見える行動であっても、その中に子どもたちがどのような「発達の力」を表現し、さらにどのような「発達への願い」を込めているかを大人の側、社会の側が感じ取っていくことが、「大人の発達」「社会の発展」につながるでしょう。

第12章 真ん中の発見（5歳0か月〜5歳10か月）

Column

凧作りの中で活きた力

　年長組のお正月休み明けに、「凧を作りたい！」という要求が子どもたちから高まり取り組みました。年中組の時には、子どもたちは作り方を全部保育者に教わって作りましたが、今回は、必要な材料（スーパーのビニール袋大、竹ひご、たこ糸、新聞紙、セロテープ、鋏、千枚通し、牛乳パック）と、絵本「たこ」（加古里子作、福音館書店）をテーブルに用意して、子どもたち自身が自分で考えて作ることにしました。

　凧作りに挑戦する子どもたちの様子を見ていると、よく上がる凧を早々と完成できている子は、日頃から感覚的に物事の全体をつかむことができ、生活の知恵や応用する力がしっかりとついている子どもたちでした。早期から塾に通い「２×６＝１２」などの与えられた課題がこなせる子どもたちは、上がる凧の完成に苦労していました。

　翌日から、毎日園庭で凧上げをしながら、高く上がる友だちの凧と自分の凧を見比べては、たこ糸のつけ方が下過ぎることに気づいて直したり、尻尾の新聞紙を増やしてバランスを取り直したりする姿が増え、日に日に高く上がる凧が完成していきました。また、やみくもに庭を走って上げていた姿から、風を体に感じて風向きに合わせて上げると高く上がることにも次第に気づいていきました。

Column

性教育っていつから始めるの？

「性教育」を家庭でと言われると、お父さん、お母さんも戸惑われますね。

欧米では、幼児期から全人教育として、性教育が家庭や学校のカリキュラムで取り組まれています。

日本も戦後から1999年までは、学校教育の中で丁寧に行われていました。しかし、「性教育は少年少女にセックスを助長するものだ」との意見が東京都議会や国会で出され、2000年から一気に後退しました。しかし、近年、子どもたちは低年齢の頃からスマホやタブレットを持つ時代になり、性に関する不正確な情報を目にするようになりました。子どもたちは多くの誤った情報を受け取ってしまう一方で、正しい知識を学ぶ機会が不足しています。

子どもが2〜3歳になり、自分の体と大好きなお母さんやお父さんの体の違いに気づき始めた時に、子どもの発達や理解力に合わせて、体の各部位の名称や役割を伝えていきましょう。5〜6歳になり「赤ちゃんはどこから生まれてくるの？」等の質問を始めたら、親が照れないで絵本などを利用して体の大切さを伝えていきましょう。

お母さんの妊娠がわかった時から、あなたが生まれて来ることがどんなに待ち遠しかったか、子どもが生まれた瞬間の感動や大変だったことを率直に話し、「生まれて来てくれてありがとう」と心を込めて伝えてあげてください。どんなに愛しているかを膝に抱いて語ってあげることで、子どもは自分が望まれて生きていること、命の大切さ、イヤなことはイヤと言ってよい権利があること、自分の体を大切に守ることは自分の命も大切な人の命も守ることであることを理解していきます。

＜おすすめの絵本＞
・ピーター・メイル、谷川俊太郎（訳）「ぼくどこからきたの？」河出書房新社、2019.
・ベティー・ボガホールド、安藤由紀（訳）、河原まり子（絵）「とにかくさけんでにげるんだ」岩崎書店、1999.
・やまもとなおひで（文）、さとうまきこ（絵）「おちんちんのえほん」ポプラ社、2000.
※その他、性教育についての図書を巻末の参考文献（p.175-176）に掲載していますので、参考にしてみてください。

第13章
認め合い育ちあう
【5歳10か月～7歳】

　子どもたちは6歳を迎える頃、行動の前に思考し、思考したすじみちにそって行動し、さらに思考していくことができ始めます。「理（ことわり）しりそめし思考の力」です。しかも相手のすじみちもわかって、相手とともに真実を探っていくでしょう。

　「繊細の精神」をもつことによって自分自身や周りの世界をきめ細やかに、温かく、ふくよかにとらえ評価することができ始めます。その力がもとになって、過去・現在・未来など3種類の見えない変化をイメージできるようになり、活動を連続して行ったり、交互に反復できるようになってきます。また、「～シテカラ順番ニ～スル」といった3次元の概念や活動の形成が充実期に入ります。それによって「新しい発達の原動力」が育まれていきます。

　自分が主人公となって粘り強く活動できるようになるので、行事の中でリーダーとして会を進めたり、園の中心となって力を発揮できるようになるでしょう。また、少し先の行事への見通しや計画を立て、実行できるようになってきます。準備、練習、制作活動で友だちと協力し合い、それによって自分ひとりでは達成困難なこともできるようになります。

　このような経験や活動を通して小学校入学への見通しや期待をふくらませていきます。

《生理的機能の発達》
●中枢神経系（脳及び感覚器官）の発達による感受性の増大
・脳の重量は1300g前後に達し、出生時の3倍半を超えます。
・前頭前野のニューロンやシナプスの数は5歳以後には減り始めますが、

外的刺激によってニューロンの間に新しい繋がりができます。
- 6歳になると、眼球が横径23mmを超え、重量は7gを超えるなど大きく重くなります。通常の場合、視力も1.0～1.2ほどになり、本来の立体認知ができ始めます。嗅覚の鋭敏さは6歳で最高値に達します。
- 周りの世界のできごとに対する感受性がこれまでよりいっそう鋭敏で繊細になります。

● 身体の成長
- 甲状腺の重量も2倍になり、副腎の重量は出生以降減少気味であったのが、6歳ごろには出生時の重量に戻ります。それによって成長ホルモンの分泌が増加し、発育が促進されて6頭身に達します。
- 昼寝を必要としなくなり、おねしょもそれまでより減ったり、なくなったりします。日中の経験から夜間の睡眠中に怖い夢を見ておびえたりすることもあるでしょう。
- 身長は出生時の2倍を超え、体重や心臓、肺臓などは6倍となります。身長は5歳から約6cm伸びて、6歳の平均身長は男子116.7cm、女子115.8cmに達します（2008年度文部科学省・学校保健統計調査より）。
- 手根骨の骨化もすすみ、6個となります。
- 乳歯の脱落が始まり、第2生歯期に向かいます。
- 背筋が伸び、男女とも背筋力が増して20kgを超えます。腕を屈曲させる力は5kgを超え、握力は10kg前後になります。

1　全身発達

《運　動》
- 四肢を使ってバランスをとり、バランスの崩れを四肢の指先に力を込めて支えたり受けとめることができます。これまでに獲得してきた各種の体位や姿勢をとるときには、末端部に至るまでそれを十分に屈曲、伸展させることができ始めます。
- 柔軟性が増して長坐位で上体を脚につけたり、開脚坐位で両手で足首を持ち上体を前屈させて床に上半身をつなげることもできるようになりま

す。立位でも前屈し上体を脚部に引き寄せ、開脚立位で、上体を後屈させて後方を見ます。立位でも手が足先までつくなど、伸びやかさと柔軟性が備わってきます。
- いろいろな姿勢から前に進むときの運動制御では、四つ這いで太ももが脇腹のところにつくまで交互に屈伸させて前進したり、中腰で身体を左右に交互回転させて前進することができます。両手足を高く上げて足踏みしたり、歩いたり、保育者のリズムに合わせて歩調のリズムを変えることもできるようになるでしょう。
- 力を入れるコツが身について合理的な姿勢制御ができるようになります。運動の基本が走活動になります。道具を用いることで走活動の中での重心制御ができるようになり、また、ルールのあるゲーム（氷オニやだるまさんがころんだ、サッカーなど）の中で素早く動いたり、とまったりするなどの制御活動が発揮できるようになります。
- 鉄棒での逆上がりや回転、竹馬や棒登り、補助なし自転車に乗る、泳ぐ、跳び箱の開脚跳び、タイヤの連続跳び、縄跳び、ボールをつきながら走る、蹴る、キャッチするといったさまざまな運動が巧みになります。
- 幅跳びは1mを超え、垂直跳びも20cm前後になります。
- その場跳びやひねり跳びが左右にできます。走る活動に片足跳びや回転の動きが加わることによって、連続片足跳び・交互片足跳び・連続スキップ、連続横跳び、ジグザグ走り、小回りなど姿勢制御を伴いながらの活動が滑らかになります。

《認識・構成》

- 数の理解が進み、20以下の対応、呼称、概括、選択（具体物を使った場合）ができ、目算や複数ずつの数え方を含めて、さまざまな数え方ができ始めます。10以下の数の選択や「＋1」「－1」が目算ででき、10から1への逆唱もでき始めます。
- 保育者が指示をしなくても今日は何をするのかがわかり、時間の観念がしっかりしてきます（十進法を理解しているのではなく長針、短針の数字を目安にしています）。

- 積木を使った数の理解では、基線をそろえて1対比較や系列配列ができるようになります。
- 積木の配列では、色が変わっても向きが変わっても模様を同じにすることができます。さらに、余りを使う際に、一部の配色が変わっても全体の配置を同じにすることができるようになります。色や向きなどでいくつかの転倒をしても余りなどを対に配置して活かすことができます。このような特徴を、「新しい発達の原動力」の「転倒に基づく対発生」といいます。点対称によって自分と相手を対応させるような思考操作ができ始めます。
- 構成では、完成をイメージしながら系列的に階段を作り上げたり、色を交互に使って組み立て、余りは余りとして扱えます。自由構成では、対称構成から転倒を含む対称的な立体構成を行い、空間配置や角を接した曲線配置なども行います。

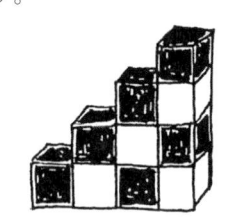

「積木による階段の構成」

- 左右対称、上下対称、点対称、非対称のモデルに対して、「赤い積木と白い積木を入れ換えて作って下さい」と求められたとき、配色や向きを転倒させることができ始めます。余りも自分の構成物と相手の構成物に分けて配置したり、配色や向きを転倒させた上でずらしたりできます。

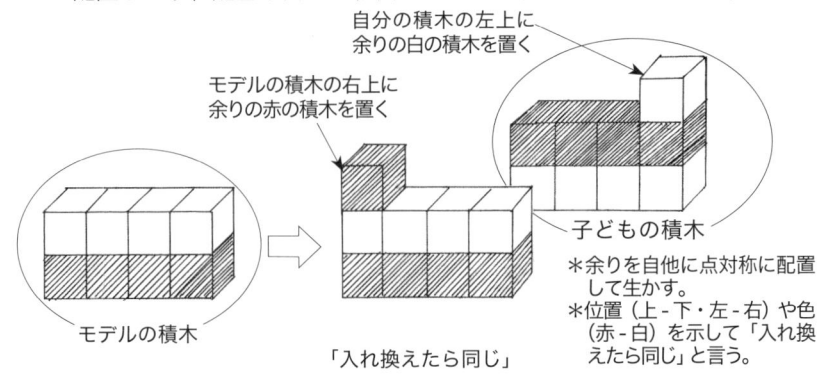

自分の積木の左上に
余りの白の積木を置く

モデルの積木の右上に
余りの赤の積木を置く

モデルの積木

「入れ換えたら同じ」

子どもの積木

＊余りを自他に点対称に配置して生かす。
＊位置（上-下・左-右）や色（赤-白）を示して「入れ換えたら同じ」と言う。

- 自分の側の左右を区別した上で、向かい合った相手の左右や前後もわかります。また、向かい合った相手の左手と右手は自分の左手と右手と転倒していること（逆側になること）がわかり始めるでしょう。
- 人物画では、個々の成長段階もありますが正面向きは頭髪、眉毛、眼球、歯、首、指、服、靴などを細部まで綿密に描くことができ始めます。横向きは、眉、目、耳など対のものは左右一対に描き、手足も工夫して描きます。後ろ向きは、頭髪、首などを含めてほぼ正確に描けるようになります。
- 家族は全員描き分けることができ、大きさだけでなく特徴もよくとらえて描くことができ始めます。

三方向画（自己多面視）　　　　成長画（自己形成視）

- 自分の家から保育園や幼稚園までの道順を絵に描いて教えてと求められると、出発点と目的地だけでなくその間の知っている手がかりを描き込み、途中にあるものや登園のときの経験を生き生きと話してくれます。遠距離や乗り物を利用して登園していても描けるでしょう。
- 屋内の見取り図では、部屋と部屋の繋がりや、各部屋の中にある代表的なものを描くことができ始めます。
- 朝、昼、夜の絵を、空と地上、山と海などに分別して、天体やその位置などで変化を表現し説明がすることができ始めます。
- 自分の成長を、小さいとき「小」、今は「中」、大人になった自分が「大」というように大きさを変化させて描けるようになります。また、植物の成長も大きさの変化を基本に「種をまいたの」、「芽がでて」、「花が咲いた」などの特徴をとらえ、概念画に向かう兆しが芽生えてきます。

- 創作では、作ろうとするものをあらかじめ考えて3次元の特徴を持った創作を自由に行います。例えば描画においては、表現の方法に場所（山、空、道など）、主題（動物の絵、怪獣の絵、運動会など）、条件（晴れの日、暑い夏、怖い夜など）、表現には物語性も帯びてきて敵と味方や善、悪が示され、その間で出会いなどが展開します。共同制作も役割をもって進めることができ、最後に「動物園」「おばけやしき」などテーマやタイトルの命名をします。
- 3次元の世界が自分の側でわかるだけでなく、向かい合った相手側についてわかり始めます。それによって相手との関係もこれまでの並行関係だけでなく、さらに深いところで交わる交差関係をもつことができ、いわゆる気持ちをかみあわせて理解することができ始めます。そのような関係がもてるようになると相互に自己主張しあう友だち関係がもてるようになります。「親友」がこのようにして生まれてきます。

《言　語》
- 目の前にいない人にも気持ちを伝えようとして「書きことば」を身につけて使い始めます。家族や離れている親しい人にメモや手紙を書いたりし始めるでしょう。
- 人形劇や紙芝居や一続きの自作の絵本などを作って演じます。作品に姓名を書いたり、「つづく」「おわり」などを書いたりします。
- 3次元の事柄（例えば経験したこと、TVで見たこと、想像したことなど）をまとめて1つのストーリーを作ることができます。
- 日常の身近な生物や人の形を描き、人とのやりとりを表そうとして言葉を添えます。
- 読、書、算を学ぶことに興味を持ち、ひらがなを読んだり、名前をひらがなで書いたり、学校へ行くことに大きな期待を持ちます。
- 大きさや長さなど3つ以上のものを比較することができ、物事を分類するときの「基準」が持てるようになります。また物事の共通の特徴を取り出すこともできます。時間で言えば、1時間単位で時刻がわかり、昨日、今日、明日がつながっていることもわかるようになるでしょう。す

じ道をたてて物を考えるための思考の基礎ができていきます。
- 生死や父母の年齢に興味を持ちます。
- 自己を客観視できるようになり自分の中に「ジブン」をとらえ、自己紹介でも多面的な認識をするとともに、他者に対してもそれができ、相手の中の「ジブン」をとらえ認めます。頼まれると「ジブンデシタラ」などと言ったり、強がってふざけておどかしたり、きたない言葉使いをしたりしますが、わるぎはありません。
- 語り聞かせに非常に興味を持ち、良い主人公の行動に感情移入をし、どんでん返しの面白さがわかります。また、絵本や紙芝居などの視覚的教材があるとイメージが広がるでしょう。
- 子ども同士の話は基本的には全て理解でき、内緒話もし始めるでしょう。男女差や個人差がありますが、概念化が進みつつ語彙は約3000語になり、話し言葉の文の長さは平均6語になります。基本文法が完成し、変化を捉えて流暢に話し、幼児語を使わなくなります。舌に力が入り、上が凹型になります。

《自我と社会性（ルールに基づく判断ができる）》

- 興味の中心は家庭生活から集団生活に移ります。同世代の友だちとの同一視が始まり、目的性の強いあそびの種類や量、時間、友だちが増え、子ども同士で役割あそびやルールに基づく役割の交代をしたり、勝ち負けのチームあそびを楽しむことができます。
- 自分の中に大事にする基準やルールが持てるようになってくるために口げんかが増えますが、友だち関係の中で互いの主張を聞き、ルールに基づいて判断する力が育ってくるでしょう。
- 「良心」が目覚め、内的なルールを持ち、自発的な学習をしたり、約束を守ろうとしたり、相手の気持ちを察してあげることができ始めます。
- みんなで行動し、失敗して泣いても保育者や友だちに理由を辿ってもらい、受容と励ましがあると納得できます。悲しむ力、怒る力も豊かになり、こらえ泣き、悔し泣き、隠れ泣き、うそ泣きなどができ始めます。
- クラスのみんなで一つの大きな作品を共同制作することができ、また時

間的に少し先の目標や行事などの楽しいことをイメージして、そこまでの見通しをもって段取りを立てて見通す力が身についてきます。
・年間行事に合わせて役割分担をしたり、協力してやり遂げることに喜びを持ち、互いに教え合い助け合う力が育ちます。
・地域社会の中での活動範囲が広がり、「○○ちゃんの家にひとりで行ける！」と自信を持ちます。また、ルールに従って切符を買って、乗り物に乗ることなどもできます。交通信号がわかり、右側通行を守ったり、通園の道順も言えるようになるでしょう。
・年齢の小さい友だちや弟妹に手振り身振りを折り混ぜながら生き生きと自分の経験を語り、言葉で導くことができ始めます。

Column

5歳児クラスの保育実践「園庭で自転車の練習をしたい」

　年長組になった春に、保育園に自転車が1台寄贈されました。しかし、園庭が狭いので乳児クラスが庭に出ない朝一番の時間か、乳児クラスが保育室に戻った後の昼食前しか練習ができません。1台の自転車を19人が交代し合って乗るのでなかなか順番がまわって来ません。2週間ほど経ったある日、子どもたちから「もっと自転車に乗りたい！」と声が上がりました。では、「どうしたらもっと練習ができるか」全員で話し合いました。

（1日目）
子ども：「もっと長く、園庭で練習したい！」
保育者：「でも、赤ちゃん組も遊んでいるよ」
子ども：「赤ちゃんたちがいる時に自転車に乗っていると危ないよ」

第13章 認めあい育ちあう（5歳10か月〜7歳）

子ども：「やっぱり、だめか…」
（2日目）
子ども：「赤ちゃん組は、お庭全部は使ってなかったよ！半分よりも向こうの方には、あんまり行ってなかったよ！」
子ども：「じゃあ、お庭の向こうの方で練習すれば大丈夫だよ！」
保育者：「赤ちゃんたちは、あちこち歩いていくよ。みんなが自転車に乗っているところにも行くかもよ」
子ども：「じゃあ、ここから来ないでくださいって、水で線を引いてすればいい！」
保育者：「赤ちゃんたちは、何の線かわかるかな？」
子ども：「ぼくたちが、ここからは危ないよと教えてあげればいい！」
子ども：「赤ちゃん組の先生に、お庭の向こう側で自転車の練習をしても大丈夫か聞いてくる！」（子どもたちで分担して乳児クラスを廻り、了解を取ってくる）
子ども：「お庭の半分よりもっと向こうなら、いいんだって‼」
（3日目の朝）
　子どもたちは、登園してくると早速自分たちが考えた方法で園庭の半分より奥の所にジョーロで水の線を引き、自転車の練習を交代で始めました。しかし、乳児が園庭に出て来ると、線の中にも入って来ました。一人ひとりに「危ないよ。お兄ちゃんたち、自転車の練習をしているからね」と優しく教えていますが、それでも入って来る乳児がいました。そのたびに自転車の練習は中断です。
子ども：「いいこと考えた！私たちみんなで水の線の上に並んで順番を待てばいいんだよ！赤ちゃんたちが中に入りそうになっても、みんなで並んでいれば止めれるよ！」
子ども：「じゃあ、やってみよう！」
　それからは乳児たちが近づいても、並んでいる年長組の子どもたちが「ここからは危ないからね。あっちで遊ぼうね」と教え、みんなで練習することができました。

2　育児におけるかかわり方と配慮

- 就学に向けて、早寝早起きの習慣をつけ、生活リズムを見直していきましょう。また、食事のマナー、着脱、清潔など生活の仕方の見直しをします。自分のカバンは自分で持つ、ハンカチやティッシュを持ってくるなど、身の回りのことが自発的にできるように働きかけます。

　　いずれも表面的な行動ができているかどうかを評定するのではなく、そのもとになる発達の力が育っているかどうかを丁寧に評価し、援助していきましょう。

- "こうしないと学校に入れない"とか入学するために否定的な条件を作ってしまわないような配慮が必要です。どんな小さなことでも"学校に入ったらこんなことを勉強するから楽しそうだね"といった期待を込めた励ましをしたいものです。
- 小学校までの道のりを親子で歩いてみるなどして、危険な箇所がないか、時間はどれくらいかかるかなど安全な登下校の仕方を知らせます。
- 入学に不安を持っている子どもには、気持ちを受けとめ、楽しい面などを具体的に伝えながら、期待感につなげるように援助します。
- 言葉で自分の意志をしっかり伝えられているか、一人ひとり確認し、言葉で表現する機会を多くしていきます。
- 生後第3の新しい発達の力が発生し、運動にも高い瞬発性や持久性が発揮されてきます。しかし、その成熟が始まったばかりの発達段階ですので、例えば、できるからといって野球チームのトレーニングなどを過度に行うと、子どもたちは期待に応えようとして無理に頑張り過ぎることにもなりがちですので注意が必要です。
- 就学が近づくと子どもたちは小学校に入学する期待に胸をふくらませていきます。就学前の保護者会などの場で、子どもたちが小学校で経験する新しい出来事や学ぶ喜びや不安感に耳を傾けてほしいことを保護者に丁寧に伝えます。子どもたちの思いを受けとめ、小学校に楽しく元気に通えるように、お父さんお母さんたちとともに温かく見守っていきましょう。

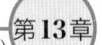

Column

「発達的３次元」の力を充実させる
「見通しと協力」を発揮できる活動

☆5歳児クラスの保育実践「リレーで発揮した力」☆

　年長組のリレーに大きな憧れを抱いていた年中組の子どもたちは、年長組に進級すると、4月から毎日、園庭に水でトラックを描き、自分たちで練習を始めました。

　クラスには、自閉症のあるA君と、ダウン症で2歳児の体格をもち発達の水準も2歳代のB君がいました。A君のグループは、A君が混乱しないように、前後で走る順番を変えないように自分たちで考えて、A君を含めて練習していました。B君のグループは、毎回B君に誰かが伴走して、進行方向に走ることを知らせていました。夏頃にはB君も庭を1周できるようになりました。

　9月に入り、子どもたちの様子を見てみると、B君が1周する間にみんなは2周以上できます。B君のグループがどんなに頑張ってもその差は歴然です。担任としてどうしたら良いか考えました。日頃から、5人のグループ2つとB君のいる4人のグループ2つの4グループで、生活や活動に取り組んでいます。4つのグループの走り方を観察すると、4人のグループ2グループには、足の速い子どもが多いことに気づきました（このことは子どもたちには話しませんでした）。

　そこでリレーのための2チームを作るにあたって、5人の2グループと4人の2グループに分けてチームを組むことと、2人人数が合わない分については、4人2グループのチームは、2人が2回走るルールではどうかと子どもたちに提案しました。子どもたちは「それならいいよ！」と賛同して、翌日から2チームに分かれてリレーを始めました。

　B君のいるグループの子どもたちには「B君がいるから負ける」という思いは、ありませんでした。「B君も一生懸命走っているのだから、自分たちがそれを挽回すればいい」と考え、相手チームの

一人ひとりのその日の走り方を見て、次に誰が走れば勝てるか工夫していました。練習では前日までは一度も勝てなかったのですが、運動会当日までその走り方を通して、とうとう本番でゴール直前に逆転初勝利をしました。観ているみんなの胸を打ちました。両チームともたくさんのことを学びました。

　その後、サッカーやたくさんの活動を楽しみましたが、リレーでの経験が活きていました。卒園まで、子どもたちみんなが出した結論が「だれにでもできること、できないことがある。できることを教えあい、できないこと、困っていることを助け合えばいい。一人ひとりが違っていてよい。一人ひとりが、自分の力を精一杯出し合えばいい！！」でした。

第14章
あそびの展開とクラス運営
【3歳児〜5歳児】

I　3歳児クラスにおける活動内容と展開

1　あそびの配慮

1) 一人ひとりのあそびを大切にしながら、計画的にクラス全体での活動を取り入れ、集団でのあそびの楽しさを経験させていきましょう。3〜4歳期では、子どもたち同士のあそびの中で、自我がさらに充実し、自励心・自制心が豊かに形成されていくように、①「自我の表現の機会」を設けるとともに、②「発達的な抵抗」を系統的に入れていきます。たとえば、どの子もそれぞれの得意なことを活かして主人公になれる機会や場をつくり、みんなを導いたり、助けたりできるようにします。一方で、少ない遊具や玩具をゆずり合って使うなどの場面を設定し、援助を入れながら、「相手の気持ちを感じ取る力」、「自分の思いを表現しつつ期待をもって待つ力」を高めていくとよいでしょう。
2) 3歳代には「自分でするんだ」「我慢しなくちゃ」という気持ちが育ち始めていますが、その中でも様々な葛藤があります。それを乗り越え、自励心と自制心を獲得していくためにも自分の要求を言葉で表現できるようになることは重要でしょう。友だちとの言葉でのやりとりの仕方を知らせたり、言えたこと、聞けたことを認めていきましょう。
3) 子どもの興味や自発性を大切にしながら、人にわかるよう表現しようとする気持ちを育てます。

4) 集団の中で必要なきまりやルールを明確にし、子どもたちにわかりやすく説明します。トラブルがあった際にはお互いの話を十分に聞いたうえで相手の言い分や気持ちを理解させ、友だちとの心地よい関わりと一緒に遊ぶ楽しさを経験させていきます。
5) ごっこあそびの導入として、保育者があそびに入りやりとりを知らせていくようにします。あそびが盛り上がれば保育者は見守る側にまわり、あそびが崩れそうになったら再度入ります。最初は少人数から始め、徐々に人数を増やしていくようにしましょう。
6) 簡単なお手伝いができるようになりますので、そのような力を発揮できる機会を設けます。
7) ままごとあそびでは、気の合う子3、4人でままごとが楽しめるようになってきます。子どもたちの中で、役を決めたり、あそびをリードしていく子どもも出てきます。普段、玩具を一人占めしたがったり、友だちとの関わりの中でなかなか譲れない子どももあそびの主人公となること、役になることで、貸し借りができたり譲ることができます。ままごとあそびを通して自分の気持ちをコントロールする力を育てていきましょう。
8) 一斉での活動ができるようになってきます。一方で、3歳児クラスになり「今は○○しなくちゃ」と全体での活動の輪に入るものの、実際の活動が始まると尻ごみしてしまう子どももいます。まずは、みんなの輪の中に入ったことを認め一緒に活動するきっかけを作るようにしましょう。例えばリズムあそびでは、音楽に合わせて楽しく身体を動かします。はじめは保育者が決めた動きで始めていきますが、子どもたち自身に楽しい動きを考えさせてそれらを取り入れていくと、自分たちのあそびという印象が強くなり、自分たちが考えたところや気に入った動きのところには参加するようになります。まずはみんなと一緒に活動するという一歩を踏み出せるよう保育者が援助していきましょう。

2 玩具とあそびの展開

3歳	あそび（玩具）	4月〜8月	9月〜3月
操作的あそび	・はさみ	・切りおとし ・直線切り	・丸や四角の線の上を切る。 ・折る方向を変えられる。5〜8工程を折って作れる。
	・折り紙	・合わせ折ができる。3〜5工程を折って作れる。	
	・パズル（ジグソーパズル）	・20〜50ピースを楽しむ。	
	・ジャンボビーズ ・花おはじき	・紐通し ・並べたり、色分けして遊ぶ。	・紐通し ・並べたり、色分けして遊ぶ。
	・ペグさし	・色分けしながら、簡単なイメージをしたものを作る。	
	・粘土	・伸ばしたり、丸めたもので形を作る。	・粘土ベラなどの道具を使って遊ぶ。
	・こま		・つまんで回す。
	*あそびの配慮 一人ひとりが十分に遊べるようスペースを保障して行う。また、その周りでの活動も配慮し、ぶつかって壊れてしまったなどのトラブルを避けていく。		
構造的あそび	・積木 ・カプラ ・井型ブロック ・デュプロ 　レゴブロック ・ドミノ	・積み上げる。 ・並べる。 ・大きなものから細かなものへ移行していく。 ・イメージしたものを作る。	・高く積み上げる。 ・同じように積み上げる。 ・作った物に意味付けをし友だちと関わって遊ぶ。
	*あそびの配慮 並行あそびから友だちとイメージを共有し関わって遊ぶようになってくるので、友だちと関わるきっかけ作りやあそび方を知らせていく。		
造形的あそび	・描画	・好きな絵を描く。 ・顔を描く。 ・円と線を描き分ける。	・頭足人を描く。 ・顔を描く時、目、鼻、口、耳、まゆ毛を描くようになる。 ・ぬりえをする。
	・工作あそび	・糊の使い方を覚える。 *子どもの作りたい時、描きたい時、すぐにできるよう素材を準備しておく。	・絵の具ではじき絵を楽しむ。 *見たもの、遊んだものをイメージして作らせる。
	・砂、どろんこ	・どろんこいじり、型抜き、山作りを楽しむ。	・トンネル作り、お団子作りを楽しむ。

3歳	あそび（玩具）	4月～8月	9月～3月
造形的あそび		・フィンガーペインティング、色水あそび	＊変化する素材や空間を準備する。
	＊あそびの配慮 室内でも戸外でもできるあそびなので、イメージしたものを形にする楽しさを十分味わえるようにする。		
役割あそび	・簡単なルールのあるあそび	・しっぽとり ・椅子とりゲーム	・鬼ごっこ ・かくれんぼ ・フルーツバスケット ＊経験したもの、目で見てわかる簡単なルールのあるあそびを取り入れる。 ＊役を決めて遊べるようになるが、役が平等になるよう援助が必要である。
	・ままごと	・生活の模倣	・お店屋さんごっこ
	・ごっこあそび	・お家ごっこ ・お医者さんごっこ ・レストランごっこ ・遠足ごっこ ・乗り物ごっこ ＊役割がはっきりするごっこあそびを取り入れる。 ＊保育者があそびに入ると長続きする。最初は少人数から人数を増やしていく。	・劇ごっこ ・おしゃれごっこ ＊動物、身近な人、物の特徴を捉えて表現する楽しさを経験させる。 ＊経験したことを言葉で表現させ共感して受けとめる。
	・劇あそび	・なりきって遊ぶ。	・セリフを言ったり、歌や踊りで表現する。
	＊あそびの配慮 ルールのあるあそびでは、始める前に必ず子どもとルールを確認する。 ごっこあそびでは、子どもがなりきって遊べるようさまざまな素材を用意しておく。		
運動あそび	・歩く（散歩）	・直線上の歩行ができる。 ・つま先歩き、かかと歩きができる。 ・ギャロップができる。	・スキー歩き、階段の交互昇降ができ始める。 ・ジグザグの動きやスキップができる。
	・走る	・かけっこ ・おいかけっこ	・単純なリレーができる。
	・跳ぶ	・両足跳び ・へび縄跳び	・片足跳び・ケンパ

第14章 あそびの展開とクラス運営（3歳児）

3歳	あそび（玩具）	4月～8月	9月～3月
運動あそび	・ボール	・つく。 ・目標に向かって投げる。	・蹴る。 ・片手上手投げ ・転がしたボールをよけて遊ぶ。
	・鉄棒 ・ジャングルジム ・ブランコ ・滑り台	・ぶらさがる。 ・登る（1段～2段）。 ・大人に押してもらう。 ・登って滑る。	・ぶらさがり、両足をかける。 ・登る（1段～4段） ・自分でこぐ。
	・巧技台	・よじ登る。 ・ジャンプする。	・スピードをコントロールして滑る。 ・ジャンプする。
	・平均台 ・マット ・三輪車 ・スケーター	・大人に支えてもらいながら渡る。 ・転がる。 ・安定した動体をこぐ。	・支えなしで自分でバランスをとりながら渡る。 ・前回りをする。 ・不安定な動体をこぐ。
	・プールあそび	・水中に沈んでいる物を拾う。 ・ワニ泳ぎをする。	
	*あそびの配慮 体力や身のこなしには個人差があるので配慮していく。また、見ることも刺激になるので友だちや保育者がしていることを見せ、"自分も！"という意欲を育てていく。		
自然科学・食育	・虫、小動物を飼う	・見たり、触れたりできる環境を整える。	・保育者と一緒に世話をする。
	・栽培物（ミニトマト・なす・ピーマン） ・クロッカス・ヒヤシンスなど ・食事の手伝い	・保育者と一緒に水やりをしたり、草とりをする。 ・受け渡したり、運んだり、構成する手伝いを一緒にする。	・球根から花を育てる。 ・水栽培をする。 ・言われてできる手伝いを増やしていく。
	*あそびの配慮 保育者と一緒に世話をすることで興味、関心を引きだしていく。 栽培物は育てて食べることで自分の身体の栄養になることを知り、食べ物への関心を深める。衛生面には留意して行う。		

3歳	あそび(玩具)	4月～8月	9月～3月
知的認識あそび	・絵カード ・かるた ・モザイク ・ことばあそび ・さまざまな素材（木の実、折り紙など）	・絵あわせゲーム ・3個までの呼称、概括、選択 ・3数や短文の復唱	・かるた取りができる。 ・全体像をイメージして形を作る。 ・4個までの呼称、概括、選択 ・4数の復唱
	＊あそびの配慮 ルールをわかりやすくし、保育者を交えながらルールを守って遊ぶ楽しさを味あわせていく。		
言語	・絵本、紙芝居 ・なぞなぞあそび ・しりとり ・言葉集め ・劇あそび	・簡単な繰り返しがあるもの ・子どもの好きな話を選ぶ。 ・保育者がルールを知らせながら一緒に楽しむ。 ・簡単な言葉のやりとりを楽しむ。	・イメージを持って聞く。 ・ルールが分かり、それに合わせて答えられるようになる。 ・セリフのやりとりや身振りで表現する。
	＊あそびの配慮 保育者や友だちと言葉を使う楽しさをあそびの中で味あわせていく。		
音楽リズム	・手あそび ・歌あそび	・歌を歌う楽しさを知らせる。	・楽しんで歌う。
	・体操 ・リズム運動	・音楽に合わせて、楽しく体を動かす。 ・左右の交互開閉、手の把握における自己調整ができる。	・ケンパやスキップ等リズムに合わせて体を動かす。 ・左右の手の外転、内転が自由になる。
	・楽器（鈴、カスタネット、手作り楽器など）	・楽器の持ち方、扱い方を知る。 ・簡単なリズム打ちができる。	・数人でリズム打ちができるようになる。
	＊あそびの配慮 日々の保育の中で音楽リズムを取り入れ、歌うことの楽しさ、リズムをとることの心地よさを味あわせる。		

3　環境構成及び集団づくり・クラス運営

	4月〜8月	9月〜3月
環境	・図形や色、数、形などあそびの中で見たり、触れたり、感じたりできる環境を整える。 ・はさみなどの用具は少人数で使用し、子どもに合わせて使い方を知らせる。 ・実生活の中では経験できない行為をあそびの中で体験し、自分自身の生活を能動化していける用具、用品コーナーを設定する。	・変化する素材、大きな素材、空間、自分の経験、友だちの経験など折り込んであそびを作りだしていけるようにする。 ・目標を設定する。 ・ごっこあそびが展開したり、より楽しめるように材料や準備や配置に気をつける。保育者も仲間になったり、あそびの提案をする。 ・異年齢児との交流の機会を作る。
集団づくり・クラス運営	・一人ひとりの自己主張を受けとめながら、相手の気持ちを伝えていく。 ・集団生活に必要な簡単なきまりやルールを保育者が知らせていく。 ・一日の中で、話を聞く時間を作る。 ・話を聞き、理解して行動する経験を積ませていく。	・友だちと関わりあうあそびの中で、共感しあう気持ちを友だち関係に発展させる。 ・子どもの意欲や要求を大切に育てながら子ども集団を作っていく。 ・生活の基礎単位としてのグループを作り、子どもたちの交わりを促していく。 ・製作活動など全体での活動を取り入れていく。 ・意欲的に遊べるよう子どもたちの興味、関心のあるものを積極的に活動に取り入れる。

3歳児クラスにおける保育実践例

描画　顔を描く

　3歳児クラスを持つと必ず取り入れる活動があります。それは「顔」を描いてみるという活動です。2歳児クラスの頃から丸の中に目や口を描き始め、描いたものに「ママ」「パパ」などと意味付けをし、たくさん描くようになります。その後、顔から直接手や足が出てくるいわゆる"頭足人"が描かれ始めてきます。ママもパパも、友だちも兄弟もたくさんたくさん描きます。その一方、あまり描きたがらない子もいます。私が受け持ったクラスにも絵を描くことをあまりしたがらない子が何人かいました。描くことが苦手なわけではなく、経験の少ない子たちなのかもしれないと考え、初めてこの活動を思いつきました。絵を描きなれない子は周りが上手になればなるほどちょっと絵を描くことから引いてしまったりしていました。

　この頃、子どもたちが自分の顔を認識出来るようになっていました。そこで「自分の顔を描いてみようか」とみんなに投げかけました。

　まず顔の絵を見せます。写真を見せても良いでしょう。一人モデルを選んでみんなの前に立ってもらいます。「目、鼻、口、眉、耳、髪の毛」などみんなでモデルを見ながら確認していきます。顔の部位と名称もしっかり伝えていきます。次はお友だちと向かい合ってお互いの顔を見てみます。「顔の形」を尋ねてみます。「触ってみてごらん」というと、いつもそばにいる友だちなのに、初めて会った人のようにそっと触れてみたりしています。

　「顔はどんなかたちしてる？」「髪の毛はどんな感じ？」といった会話をしながら進めていきます。そして最後に鏡の中の自分を見てみます。テーブルの上に小さい鏡を出来るだけ人数に近い数用意します

（コンパクトのようなもので可）。友だちの顔を見たあと自分の顔を覗き込みます。鏡の中の自分にみんなニコニコです。

　すると絵を描くことに消極的だった子が自分の顔を覗きこみ、時には手で触れながら「顔はマルかな？」とつぶやきながら画用紙に描き始めたのです。丸い顔の中に最初は目だけ描いていました。鏡がそばにあることでもう一度覗かせて、「鼻はどのへんについてるかな？」と問いかけると、「う〜んこのへん」と鼻が描けました。描くことにいつもの抵抗はありません。むしろ楽しんでいるのです。

　みんなの顔が描き上がった頃を見計らい、描きあげた子から別の画用紙に手形を取ります。手形をハサミで切り抜いて顔を描いた画用紙に貼ります。ハサミがまだ上手に使いきれない子は保育者が切ってあげるとよいでしょう。

　子どもたちは自分の顔の横に好きなように手形を貼るのですが、これが面白いほど各々に個性豊かな自画像が出来上がります。ふだん絵を描きたがらなかった子もこの活動をきっかけに自分の絵に少し自信が持てたようで絵を描くことを楽しみ始めました。

　絵は一つの貴重な自己表現活動です。表現を自由に楽しめるようにするには、きっかけはたくさんあった方がよいと思います。この活動はそのきっかけの一つになりました。そして丁寧に描いた絵は必ずほめてあげています。貼りだすことで、担任だけでなく他の職員、異年齢の子、お父さんやお母さんなどたくさんの人に見てもらい褒めてもらいました。そのことが自信に繋がり、ますます描くことを楽しみ始めました。このような取り組みがさらに豊かな表現へと繋がっていくのではないかと期待しています。

II 4歳児クラスにおける活動内容と展開

1 あそびの配慮

1) 生活面と同様に、一人ひとりについてあそびの内容や物の扱い方、手順や段取りが理解できているか、手指の操作や全身運動がなめらかにできているかをていねいに確認しましょう。手指の操作に未熟さが見られる時には、まず、自我の育ちが十分であるかどうかを確かめます。また、全身運動を多く取り入れていき、友だちと一緒に体全体を使って躍動する遊びを楽しみながら、体幹の大きな動きを円滑にすることによって手指の操作も巧みさを増すことができます。

2) 集団の形を作ることを急がず、一人ひとりの基礎作りに取り組みましょう。集団生活をしていくための生活の仕方が獲得できているかをていねいに確認し、簡単なルールに従って行動をする経験を多くしたり、友だちと言語で意思を表現し合うあそびや経験を多くしていきます。

3) 一人ひとりの得意なことを認め、自分ができるようになったことを、友だちにわかるように教えたり、教えてもらう経験を多くして、自分の「できたこと」を確かな「できる力」に高めていきましょう。

4) 小さな場面で「できた」から「できる力」への高まりを積み重ねることで、自信につながっていきます。また、自分が教えてあげたことで、友だちができるようになっていく姿を見て、喜びを共感しあう関係が育ちます。この時に「教えて」「いいよ」「ありがとう」「どうしたの」「大丈夫？」などの互いの気持ちをいたわり合う言葉のやりとりを多くしましょう。また、達成感を多く経験できるあそびを取り入れ、小さな自信を積み重ねていくことが大切です。

5) 一人ひとりの力を十分に発揮するあそびと並行して、簡単なルールのある集団あそびを取り入れ、ルールを守り遊ぶ楽しさを共感し合い、自制する経験を積んでいけるようにしましょう。

6) 「自分たちの問題」という気持ちを育み、自主的に仕事やあそびに取り

第14章 あそびの展開とクラス運営（4歳児）

組み、やっていこうとする姿勢を大切にして、グループ活動の中で自分の意見を表現したり、友だちの意見に気づく経験を多くしていきます。
7) 多少の失敗があっても、子どもの積極性のある行為、行動をまず認めてから、子どもが次にどのようにするとよいか考えたり、気づく機会にしていくとよいでしょう。

2 玩具とあそびの展開

4歳	あそび（玩具）	4月～8月	9月～3月
操作的あそび	・はさみ	・多方向切り ・曲線切り ・広告紙から好きな物を切り抜きをして台紙に貼ったり並べたりして曲線切りを楽しむ。鋏の操作に慣れていく。	・切抜きや細部も切れるようになり、操作が自在になる。 ・切り絵を楽しんだり、切り込みや細かな操作を楽しむ。
	・折り紙	・10工程を折って作る。 ・作ったもので部屋を飾る。 ＊端や角をていねいに合わせて折る大切さを教え、個別に確認する。	・12～16工程を折り作る。
	・ジグソーパズル ・モザイク ・ビーズ ・おはじき	・50～100ピースを楽しむ。 ・紐通しや並べて形を描く ・模様を作る。 ・形を作る。 ・人差し指ではじいて操作	・友だちとイメージを共有して、モザイク模様を作る。 ・アイロンビーズで形を作る。 ・友だちとおはじきあそび。
	・木ごま	・つまんだり、ひねって回す。	・自分のこまを作り、こま回しをする。互いに教え合う。
	・粘土	・丸める。 ・伸ばす。 ・形を作る。	・イメージした形を完成する。
	・毛糸のゆびあみ		
	＊あそびの配慮 手指の巧さは、個々によってちがうので、個別に指導できる環境や時間帯を準備しておく。友だち同士の伝えあいの機会も持てるよう援助する。		
構造的あそび	・積木	・積み上げる。 ・イメージした形を作る。	・階段や傾斜の作り方がわかり、友だちと工夫して家作り、街づくりをする。

4歳	あそび(玩具)	4月～8月	9月～3月
構造的あそび	・カプラ ・ビー玉積木 ・スカリーノ ・クーゲルバーン ・ブロック	・カプラの使い方、ルールを守り、モデルの形を真似て同じように積み上げる。 ・高く積みあげる。 ・ビー玉が転がるように形を考えながら作る。 ・イメージした形を作る。	・友だちと協力して大型の形を作り上げる喜びを共有しあう。 ・友だちと工夫を共有し合って落差をつけたり、大きくつなげてビー玉が転がる様子や成功した達成感を喜び合う。
	＊あそびの配慮 あそび方のルール、片付け方などは、最初に丁寧にくりかえし伝えていく。年長児のあそびの様子を見て、構成の仕方を模倣しながら、自分なりの表現ができるようにもなってくるので、あそびを見たりする機会も作っていく。		
造形的あそび	・モザイク（釘打ち） ・おはじきならべ ・アイロンビーズ	・初めは、見本の模倣をして遊び、子どものイメージやあそび方を習得したら、形作りを楽しんでいく。 ・色彩や模様を考え始める。	・友だちとイメージを共有して、モザイク模様を作る。 ・アイロンビーズで、根気よく形を作る。
	・砂あそび ・泥団子 ・粘土あそび	・山や川を作る。 ・池を作り水を流して遊ぶ。 ・両手を使って泥団子作り ・ケーキ作り ・お団子作り	・トンネルを友だちと協力して完成したり、イメージしながら作っていく。
	・工作あそび ・空き箱製作 ・お店屋さん	・ご馳走作り。 ・好きなものを作る。 ・イメージした形を細部にわたって表現する。 ・自分で作ったもので遊ぶ。	・空き箱や色々な素材を使ってイメージした形を細部にわたって完成する。
	・描画（絵の具）	・絵の具の扱い方を覚え、正しく筆を持って、好きな絵を描く。 ・頭足人から、全身を描けるようになる。 ＊作品を掲示したり、台紙を付けて飾り、描くことに自信を持たせていく。	・基底線が生まれ、太陽や地面が描ける。 ・観察画が描ける。 ・家までの簡単な地図を作ろうとする。 ＊作る楽しさを友だちと共有して、お店屋さんの品物作りや劇あそびの道具を作って楽しむ。
	＊あそびの配慮 工作、描画、粘土など、さまざまな素材に触れ造形的表現を経験させていく。作品の出来ばえにばかり目を向けることなく、取り組んでいる姿勢を認め自信を持たせていく。		

第14章 あそびの展開とクラス運営（4歳児）

4歳	あそび（玩具）	4月〜8月	9月〜3月
役割的あそび	・ルールのある集団あそび	・役交代をして、追いかけ鬼、木とり鬼、氷鬼、高鬼を楽しむ。 ・椅子取りゲーム、フルーツバスケット ・歩調を友だちと合わせながら、花いちもんめを楽しむ。	・「だるまさんがころんだ」「ことしのぼたん」などのかけ合いや役交代の楽しさがわかり楽しむ。 ・タッチリレー ・ドンジャンケン、開戦ドン
役割的あそび	・人形あそび ・ままごと ・ごっこあそび ・劇あそび	・人形を使いながら言葉のやり取りをする。 ・ままごとコーナーを作って自由に遊ぶ。 ・2〜3人で役を話し合いながら遊ぶ。 ・簡単なストーリーをペープサートやパネルシアターを使って演じ合う。	・振る舞い方が身につく年齢になり、家族の役割を認識してその役を演じて楽しむ。 ・役割を決めたり、演じ方を話し合って決める。 ・劇あそびのお面や小道具を作って楽しむ。 ・友だちの劇を静かに見る。
役割的あそび	・パーティーを準備し楽しむ。	・あそびの中で自分を表現する。	・話し合って、係や役割分担、簡単な内容を考えて準備し、ひなまつりパーティーなどを楽しむ。

*あそびの配慮
ルールのあるあそびを展開していけるようになってくるが、同じ役ばかりしたがる子もいるので、様子をみながら、保育者が援助する場面も必要となる。あそびを見守りながら、必要な部分で関わっていく。

	あそび（玩具）	4月〜8月	9月〜3月
運動あそび	・なわとび	・大縄をくぐったり、波とびなどを展開する。 ・フープとび。	・前跳びをする。 ・フープで連続前跳びをする。
運動あそび	・ボール	・お手玉やボールの投げ受けを友だちと楽しむ。 ・ボールを追いかけて蹴る。 ・毬つきができる。	・転がしドッヂボールを楽しむ。 ・ルールがわかり、チームに分かれてサッカーを楽しむ。
運動あそび	・鉄棒 ・巧技台 ・平均台	・飛び乗り、ぶら下がり。 ・飛び降りる、よじ登る。 ・バランスをとって歩く。	・鉄棒で前回りをする。 ・足の指で面をとらえて丸太渡りをする。
運動あそび	・スキップ ・ケンケン	・リズムに乗ってスキップをする。 ・ケンパを楽しむ。	・2拍子跳び、3拍子跳びを楽しむ。 ・開脚飛び乗りができる。
運動あそび	・ブランコ ・自転車 ・ジャングルジム	・坐ってこぐ。 ・補助付き自転車がこげる。 ・個人あそび中心に使い方の基礎を覚えて守る。	・立ちこぎをする。 ・補助なし自転車に乗る。 ・ルールを守って自在に楽しむ。

4歳	あそび (玩具)	4月～8月	9月～3月
運動あそび	・登り棒 ・アスレチック		
	・散歩 ・走る	・並んで歩く。 ・走る-止まる-走るを連続する。	・列になって、ジョギングを楽しむ。 ・バトン渡しのルールがわかりリレーを楽しむ。
	・プール遊び	＊水あそびを発展させる。水に慣れさせ、怖がったり嫌がったりしないように導きながら順序だてて「泳ぎ」の基本を指導する。浮力を身体に感じ取る。	
	＊あそびの配慮 全身発達をバランスよく助長していくためにも、さまざまなあそびを豊かに経験させていくよう心がける。運動あそび、外あそびを通して、友だちと関わり合って遊ぶ楽しさを感じさせる。自分の得意な運動のコツを友だちに教えさせ、友だちのいいところを学ばせていく。		
自然科学・食育	・季節の自然に触れる。	・気象の変化に興味を持つ。	・自然の変化に気付く。秋、冬の様子を感じる。 ・霜柱、雪の結晶を虫眼鏡で観たり、氷を作り変化を楽しむ。
	・草花あそび ・虫探し ・戸外あそび ・散歩 ・動植物の飼育	・草花相撲 ・草花の色水あそび ・見つけた虫を図鑑で調べる。 ・見つけた草花を、図鑑に興味を持って観たり、描いたりする。 ・見つけた虫を育てて、成長や変化に気づく。 ・命の誕生や命の終わりに気づく。	・落ち葉やどんぐりなど拾って製作物を作る。 ・冬越しの虫などの世話をする。
	・季節の野菜や花を育てる(ピーマン・なす・ミニトマト・小松菜・かぶ・チューリップ) ・包丁、ホットプレートなどの器具を使って調理する。	・種や苗を植え、毎日世話をして、成育を観察する。 ・収穫した野菜を調理して食べ、野菜の味を知り、収穫を喜ぶ。 ・包丁の扱い方や調理する時のルールを覚えて守る。	・秋野菜、冬野菜、春の花を育てる。育てた花で室内を飾る。 ・食べ物と身体の関係を知り、食べ物に対する関心を持って調理し、食べる。 ・食べたものの種をまき、育てる。

第14章 あそびの展開とクラス運営（4歳児）

4歳	あそび（玩具）	4月～8月	9月～3月
自然科学・食育		・収穫したものの大きさ比べをしたり、断面を見て形状の違いや匂いを知る。 ・苦手な野菜を育てて収穫し調理をして、親しみを持って味わう。	
自然科学・食育	*あそびの配慮 季節ごとの自然の変化やうつりかわりに気付いていけるような言葉かけをしていく。子どもからの気付きには共感をもって応えていく。 栽培物に関心を持たせていけるよう保育者自らが、日々子どもとともに成育の様子を観たり虫取りをしたりしながら、育てる姿勢を持つことが大切である。		
知的認識あそび	・トランプ ・カウントドミノ	・10までの順序数の呼称、概括、選択をする。	・ルールがわかりルールのあるやり取りをする。 ・あそびの役割交代をする。 ・10までの数を、合わせたり引いたりして数える。
知的認識あそび	・かるた	・文字に興味を持ち読んだり書き始める。	・かるたの読み手になる。
知的認識あそび	・スタンプあそび ・積木	・文字スタンプを使って名前を表わす。 ・積木で階段構成に挑戦する。	・文字スタンプを使ったり、覚えた文字を書いて手紙を書こうとする。 ・階段構成や、傾斜を作り家や城、街を作る。
知的認識あそび	*あそびの配慮 文字や数字に対する興味の持ち方は個々の発達によって表われ方に違いがでるので、一人ひとりの興味に合わせて関わっていくことが大切である。 簡単なルールのあるゲームなどを通してルールに従って遊ぶ楽しさも知らせていけるとよい。		
言語	・絵本、紙芝居、素話 ・劇あそびをする。	・絵本、童話の読み聞かせにイメージを広げる。	・お話作りをする。 ・続き話をする。 ・役になって言葉で表現する。
言語	・なぞなぞあそび ・しりとり ・言葉あつめ	・自分の思っていることを友だちに伝え、友だちとの会話を楽しむ。 ・話しかけ、問いかけに自分の言葉で応える。 ・経験を話す。 ・疑問を尋ねる。	・紙芝居を作り友だちや他の組に演じてみせて楽しむ。 ・前後左右、上下、まん中がわかり、表現できる。 ・幼児語を使わないようになる。
言語	・休日の生活発表 ・当番活動	・日常生活に必要な挨拶をしたり、自分の名前を名乗る機会を当番活動の中などで	・昨日、今日、明日がわかり始め、使って経過を表現しようとする。

4歳	あそび (玩具)	4月〜8月	9月〜3月
言語		多くしていく。 ・簡単な伝言ができる。	・正確に伝言ができる。
言語	*あそびの配慮 年間を通して自分の思っていることを話す機会、友だちの話、保育者の話を聞く機会を日常的に持ち、話すこと聞くことの経験を積み重ねていくことを大切にする。		
音楽リズム	・リズム楽器 ・リズム打ち ・メロデイベル ・歌 ・踊り	*打楽器の扱い方や演奏の仕方をていねいに教えて使用させる。 ・音楽に合わせてリズムを打つ。 ・歌を歌う。 ・音楽に合わせて踊る。	・音楽に合わせて、分担奏をする。 ・簡単な曲のメロデイを覚え、メロデイベルを演奏する。 ・簡単な追いかけ歌やかけ合い歌を楽しむ。 ・曲を聴いて振りを考え合い、ダンスを楽しみ合う。 ・曲のテープや打楽器が自由に使えるようにする。
音楽リズム	*あそびの配慮 音を楽しむことを基本に考え、日常的にあそび歌や季節の歌をたくさん歌う機会を持っていく。自分のなじみのメロディーを基盤にしリズム打ちを楽しませていく。		

3 環境構成及び集団づくり・クラス運営

	4月〜8月	9月〜3月
環境構成	・戸惑わずに生活がおくれるよう、自分の席、物の置き場所使い方などをわかりやすくする。 ・自由に選択できる数種のあそびの場と遊具を同時に用意して、登園してすぐに自分のあそびが始められるようにする。 ・ままごとコーナーを設定して、家庭生活の役割あそびを十分に行えるようにする。 ・気持ちの立て直しが難しいとき、一人になって気持ちを立て直せる空間をコーナーに作る。 ・保育者の助言、誘導が必要でありあそび方を知らせていくことも考慮しておく。	・あそびの内容化を考え、あそびの種類を増やし、自由あそびの様子をよく見て、遊具を用意し、あそびの場を設定していく。 ・自然の変化を感じ、自然現象に興味関心を持てるような活動内容も取り入れていく。 ・外あそびの機会を多く持つ。 ・利用しやすい材料を多種類用意する。

第14章 あそびの展開とクラス運営（4歳児）

	4月～8月	9月～3月
環境構成	・年長児との関わりは、年度当初は4歳児には圧力となることもあるため、クラスの活動を中心にする。生活が軌道に乗り始める5月頃から交流の機会を持つようにしていく。	・年長児や年少児と一緒に遊ぶ機会を増やしていく。
集団づくり・クラス構成	・遊具を一緒に使い、皆であそびの片づけをする。 ・友だちと一緒に行動し、その中で自分の要求を出す。 ・簡単な約束を話し合って決め、守る。 ・「できない」「やって」と言う子には、できている子を知らせる。教え合いを通して相手が喜んでくれる経験を多くする。 ・表現しきれないでいる子には「どうしたの？」と問いかけを多くして、思いをゆっくり聞いていき、安心感をもたせる。 ・思いを言葉で表現し切れないでトラブルが起きたりするが、そのつど、「どうして？」「ありがとう」「大丈夫？」の言葉を多くして、互いの思いを言い易くする。 ・毎日、夕方に一日の振り返りを子どもたちと行い、その日に頑張っていた子どもの姿を紹介したり、良いできごとを紹介する。翌日の活動を知らせ、明日への期待感を高める。 ・子どもの中で起こった問題はクラスの中に持ち込み、皆で考える習慣を付ける。 ・クラスの状態を把握しながら6月頃から、5人を基準にグループを作り基本的な生活を進める単位として育ててゆく。同じ頃から当番活動を取り入れていく。	・集合ができるだけ早く、正しくもできるよう具体的なやり方と約束事を決めて自分で自分を導いていけるよう援助する。 ・戸外での行動と室内での行動の切り換えを援助する。 ・あそびや仕事に取組む時、その目当てを正しくとらえて協力できるように導いていく。 ・グループ単位の活動を多く計画していく。リーダーシップを取りたがる子、遅れて行動する子など、個人差が出てくる時期なので、幅をとらえて指導計画を立てていく。 ・生活やあそびの中で、それぞれに「名人」や「先生」を育て、友だちに教わったり、教えてもらうことを多くして、子ども同士の助け合いや協力し合う経験を多くしていく。 ・毎日の振り返りとともに朝の会を設け、子どもたちが自分たちで見通しを持って生活を作りやすくしていく。 ・当番活動の順番を意識できるよう援助し、子どもたちが自主的に運営ができるように導く。またクラスの状況に応じて仕事を決め実施していく。

４歳児クラスにおける保育実践例

運動　ドッヂボール

　年長児があそんでいるドッヂボールにあこがれと興味を抱き、年長児のチームに一人二人と混ぜてもらっているうちにどんどん参加する子が増えて４歳児クラスだけでもやり始めるようになりました。

　最初は上手くボールが取れなかった子も、毎日あそんでいるうちに徐々に上達し、ボールが取れるようになり動きも素早くなっていきました。

　外に出られる時間が少しでもあれば「ドッヂボールやりたい！！」とドッヂボールコールを盛んにしている子どもたちです。しかしゲームを始めてみると「外野がいい！外野やりたい」と主張する子や自分が取れそうだったボールを友だちに取られたとふてくされる子。また、「ボール回してよ！」と友だちに命令する子などなど、トラブルももちろん増えてきました。そのたびに保育者が仲裁に入り、ゲームを続行してきました。

　そんなある日のこと、その日も「外野がいい」と主張する友だちに、「この間は○○が外野だったじゃないか。今日は△△が外野だよ」とクラスのリーダー的存在のＡくんが保育者に代わって仲裁に入ります。言われた相手はもちろんプイとふくれてその場を離れてしまいました。Ａくんの一言でゲームはそのまま続いています。ゲームの場を離れた子も、じつはみんなの様子が気になって仕方ありません。戻りたくてもきっかけがなくウロウロ……。

　そんな姿に「今日は内野でもいいんじゃない？もう一度みんなに入れてっていってみたら？」と保育者が声をかけると、下を向いたままポケットに手を入れ、しばらく考えていたＢくんでしたが、やがて

しぶしぶ「やっぱりいれて」。勇気を出して言いに行きました。クラスの友だちは「いいよ！」と快く受け入れ、ドッヂボールはクラスみんなで再開しました。
　「みんなと一緒にドッヂボールをするのが楽しい」という経験があったからこそ、気持ちを切り替えることもできたのではないかと思います。そして、その子を快く受け入れたクラスの子どもたちもなんて素敵なんだろうと嬉しくなりました。
　お互いを思いやる気持ちや、自分の気持ちを立て直す経験がたくさんできたあそびでした。

III 5歳児クラスにおける活動内容と展開

1 あそびの配慮

1) 就学前に一人ひとりが抱く希望や心配に答え、親も含め援助を求める信号を見落とさないようにしていきましょう。
2) きたない言葉や嘘と見られがちな言葉は、けっして悪意にひかれているのではなく、文脈に入れることを一心に考えたり、新鮮な体験が相対的に不足している時の姿です。子どもたちが「発達的3次元」の力や「新しい発達の力」の獲得と充実に援助を求めている発達への切実な願いの表現ととらえ、乱暴なきたない言葉もその表現の一環として考えていくようにします。
3) 自分の意図を持ち、工夫し完成させる創作活動が進んできます。友だちとの共同製作も取組めるようになってきますので、活動の中に意欲を十分に発揮できる機会を設けていくようにしましょう。
4) 様々な物事に興味を持ち、良く比べ、観察し、考える時期でもあります。子どもたちの興味にあった図鑑や絵本などを身近に置き、いつでも見られる環境を整えておきましょう。
5) 運動制御を基本とした諸活動の中で、仲間への援助、教える力、自己教育力、自己多面視と自己形成視を育て、仲間の努力を励まし信頼関係を深めていくようにはたらきかけていきます。
6) 役割のあるあそびの世界へと入っていきます。友だちと気持を合わせ、気持をかみ合わせ、気持を整え直すことのできる仲よし二人組もできてきます（どちらかと言えば同性が多いです）。一方で、異性も含めた活動の中で役割の交代が進むような援助をしていきましょう。
7) 生活やあそびの中で自分の意見と違う友だちの意見に耳を傾けたり、自分の意見を相手に伝えて意見を調整し折り合いをつけていく場面や活動を多く取り入れていきます。

2　玩具とあそびの展開

5歳	あそび（玩具）	4月〜8月	9月〜3月
操作的あそび	・はさみ ・おはじき ・折り紙	・指ではじいたり、開いた指の間を通したりして遊ぶ。友だちとルールを決めて遊ぶ。 ・角と角を合わせて折る。 ＊操作が雑になりやすい時期なので確認していく。 ・手本を見ながら折る。	・2枚組み合わせたり、はさみで切り目を入れたりして作る。
	・アイロンビーズ ・毛糸や古布の交互織り ・縫い取りあそび ・指編み、あやとり	・色合いや模様を工夫して作る。 ・紐を結ぶ。	・交互操作が自在になり毛糸や古布で交互織りで、花瓶敷きなどイメージした物を作る。 ・ひとりあやとり（ふたりあやとり）をする。
	・ピカピカの泥団子作り	・両手を駆使して巧みに泥を丸めたり、加減しながら砂をかけていく。	
	・こま（紐）		・紐を使ってこまを回し、回したこまを手のひらや羽子板に載せる。
	＊あそびの配慮 粘り強く継続して遊べるようになってくる。個々にあそびや作品が継続して続けたり完成に至るように、「よくがんばってるね」など励ましていく。		
構造的あそび	・積木 ・カプラ ・ブロック 　（レゴ，ZOOB） ・マグタッチ（磁石で組み立てるもの） ・ビー玉積木（スカリーノ，クーゲルバーンなど） ・ドミノ ・リグノ	・平面的なものから立体的なものを作っていく。 ・友だちと協力して一つのものを作り上げる。 ・さまざまな形を組み合わせ、作り上げる楽しさを味わう。 ・縦、横、斜めの構造がわかり、見えてない反対側がイメージできる。	・作った物を介して、友だちと一緒に遊ぶ。 ・プールなど、夏の経験や運動会での経験を糧として、あそびのスケールが変わってくる。 ・見る力、考える力を育てていく。 ・あらかじめ作ろうとする物を考えて3次元の特徴を持った創作を自由に行う。 ・作品にまとまった単位と文脈を作り、それを使ったあそびを展開する。

5歳	あそび(玩具)	4月～8月	9月～3月
構造的あそび	*あそびの配慮 みんなで作り上げる楽しさや喜びを通して満足感や達成感を味わえるようにしていく。作ろうとするイメージをふくらまし、見通しをもって素材や道具を用意することで構造的あそびが魅力的に展開していくように援助する。		
造形的あそび	・描画（クレヨン、マジック、鉛筆、色鉛筆、絵の具）	*道具や素材の扱い方を覚え、使い分けができる。絵の具に伴った道具の使い方や絵の具の扱い方、混色の仕方などを知り、絵の具を使って描く。 *見たこと、経験したことなどを十分に描画表現させる。色々な素材で描かせる。 　全体的なバランスよりも、力を込めて描いた部分を評価し自信を持たせていく。観察して細部を描く経験もさせる。 ・朝、昼、夜。空と地上、山と海などを分別して表現する。	・段階を追って完成させる取り組みを経験させる。 ・道順画 (p.135) ・人物画 (p.124及び p.135) 　正面向き（頭髪、眉毛、眼球、首、指、服、靴など細部までよく観察して細やかに描く） 　横向き（眉、目、耳、手足） 　後ろ向き（頭髪、首） ・家族画
	・空き箱製作 ・粘土細工 ・張子	・道具や素材の扱い方を覚え、使い分けができる。	・素材や道具の使い分けをしながらイメージしたものを製作する。縦と横だけでなく斜めや奥行き、高さなどを意識し、試行錯誤しながら作り上げる。 ・共同制作も役割を持って進めることができ、最後の命名をする。 *素材、道具などすぐに使えるよう準備しておく。
	・ステンシル ・版画 ・自然物を使った製作 ・砂場　山作り、トンネル作り ・砂、どろんこ	・山作り、トンネル作り	
	*あそびの配慮 描画表現に自分の思いや気持ちをこめられるようになっていくので、豊かな経験（遠足、運動会などの行事）や魅力的な活動をたくさん体験させていく。共同制作では一人ひとりの思いや気持ちが作品やあそびに反映していけるように、保育者が必要な部分を手助けしていく。		
役割あそび	・ままごと ・ドールハウス	・家庭内の役を演じることで家族の役割を理解し、振舞い方を認識する。 ・友だち同士で役割を分担する。役を交代しながら楽しむ。	・社会や家庭内のルールを理解して、役になりきって遊ぶ。 ・ルールを共有しながら、役の交代を行い、異なる立場を理解し、集団あそびを楽しむ。

第14章 あそびの展開とクラス運営（5歳児）

5歳	あそび（玩具）	4月～8月	9月～3月
役割あそび	・お店屋さんごっこ	・商店街に買い物や見学に行き、それぞれの商店の品物を知ったり、売り買いの役割や言葉を知る。	・小さいクラスを招待して売り手、買い手の役割を果たしながら楽しむなど、クラスだけの取り組みから他クラスへと交流を広げていく。
	・郵便局、消防署、図書館などにいく	・見学したり利用して、役割や利用の仕方、ルールを知る。	・公共施設の仕事や利用の仕方を知る。働いている人に話をきく。
	・劇あそび	・気に入ったお話を繰り返し見たり聞いたりして、ストーリーや登場人物の言葉を楽しむ。 ・身体表現を楽しむ。 ・ペープサートなどを作って演じる。	・ストーリーのイメージを共有しながら、役作りや話全体のイメージを深め、演じることを楽しむ。 ・小道具や衣装に見立てられるものを十分に用意しておく。
	*あそびの配慮 地域や公共の仕事などにも興味を持ち、役割あそびの中にも展開させていく。散歩の時などに関心を持って地域の人とふれあえるようにする。 子ども同士であそびを展開できるので、必要な素材、道具などの要求にできるだけ応えられるよう、準備しておく。		
運動あそび	・縄跳び（短縄） ・大縄跳び ・巧技台、平均台、マット運動 ・鉄棒	・前跳び、走り跳び ・跳ぶ、走ってくぐりぬける。数え歌に合わせて跳ぶ。 ・手足の前進方向の動きに対する左右対称な協応制御により、縄跳び、跳び箱、棒登り、平均台、鉄棒の逆上がりなどに挑戦できはじめる。	・後ろ跳び、片足跳び、あや跳び。 ・二人跳び、三人跳び、大縄の中で短縄を跳ぶ。 ・その場跳びやひねり跳びが左右にできる。 ・中腰のまま前進をしたり、両手足を高く上げて足踏みができる。
	・プール ・竹馬、棒登り ・ルールのあるあそび 　サッカー 　ドッチボール 　リレー／玉入れ 　綱引き／ケイドロ 　氷鬼／王様ジャンケン ・アスレチック	・水に親しむ中で、顔をつけたり、けのびができるようになる。 ・（竹馬の前に）缶ポックリや木製ポックリなどで導入練習をする。 ・転がしドッチボール	・運動の基本が走活動になり、素早く動いたり止まったりするなどの制御ができるようになる。 ・ボールを投げる、受け取るなどのコントロールがついてくる。

5歳	あそび (玩具)	4月～8月	9月～3月
運動あそび	・自転車 ・散歩	・交通ルールを覚え、自転車に乗る。 ・ルールを意識して歩く。 ・長い距離を歩く。 ・場所によって2列歩行、1列歩行の対応ができる。	・経験やコツを語り合う。 ・交通ルールを守って歩いたり、危険から身を守る意識が高まる。
	*あそびの配慮 積極的に戸外あそびや全身を動かして遊ぶ中で、危険に対する判断力をつけていく。また、自分たちであそびやルールを創り出していき、集団でのあそびを楽しませる。		
自然科学・食育	・栽培物、飼育物の世話をする ・収穫した物を調理して食べる ・身近な生き物の世話をし、生態に興味を持つ。 ・**春植え** さつまいも/にんじん/かぼちゃ/ピーマン/きゅうり/朝顔/おしろい花/ほうせんか ・**秋植え** 小松菜/ラデッシュ/チューリップ/菜の花	・見つけた植物や生き物の名前や飼育の仕方を図鑑で調べ、友だちと協力して、世話して育てたり成長の変化を観察する。 ・咲いた花や収穫した物を数える、分ける、大きさを対比する。 ・実った物を調理し味わい、感触や香りを楽しむ。 ・食べ物と身体のつながりを知り、関心を持って食べ、自分の身体を守っていこうとする。	*秋から冬にかけての産卵から誕生、死までを観察させ、生命の大切さに気づかせる。それを通して自分の誕生や命の大切さを感じさせていく。 ・生き物の冬眠や植物の変化を発見し、友だちと共感する。 ・自然物を使った製作を工夫して楽しむ (芋版画、染色など)。 ・調理したものを小さいクラスにふるまったり、友だちと収穫の喜びを体感する。
	*あそびの配慮 自分の身体を意識して「食べる－眠る－排泄」の関連がわかるようにするとともに、命の大切さを感じ取れるように導いていく。		
知的認識あそび	・トランプ、かるた ・オセロ ・ダイヤモンドゲーム ・すごろく ・仲間集め	・神経衰弱、ババ抜き ・言葉集め ・しりとり ・伝言ゲーム	・7並べ、スピード ・スプラッシュ・アタック ・クワトロ ・スカイブリッジ

第14章 あそびの展開とクラス運営（5歳児）

5歳	あそび（玩具）	4月～8月	9月～3月
知的認識あそび	*あそびの配慮 子どもたちの遊べる段階を捉えて玩具を用意する。 あそび方やルールは共通のものに統一し、ルールを守って遊ぶ楽しさや勝負の楽しさを味あわせていく。		
言語	・素話 ・絵本 ・絵本作り ・紙芝居作り ・文字スタンプ ・手紙を書く ・詩を聞く ・詩の朗読 ・言葉あそび ・ゴロ合わせ／言葉集め／早口言葉／回文読み／反対読み等 ・しりとり ・伝言ゲーム ・劇あそび	・良い主人公の行動に感情移入をし、どんでん返しの面白さが分かり、絵本や紙芝居などの視覚的教材によって、イメージが広がる。 ・語彙が3,000語になり、話し言葉の文の長さが平均6語になる。 ・文字への関心が高まり、ひらがなを読んだり、書いたりへの要求が高まる。紙芝居作りや絵本作りをしたり友だちや家族にメモを書いたりする。	・自分の中や相手の中に「ジブン」を捉えられるようになり、自己紹介や自分の希望や理由を発表できる。 ・詩の言葉の意味を理解して朗読や鑑賞を楽しむ。 ・読、書、算を学ぶことへの要求が高まり、就学への強い向上と期待を持ち始める。 ・手紙を書いて相手に伝える。1時間単位で時刻が分かるようになり、曜日や昨日、今日、明日、今年、来年が分かって使う。
	*あそびの配慮 心に触れる作品、正しい日本語の使い方や言葉のリズム、語彙が豊かになる作品を読み聞かせていく。友だち関係の中で考えついたことや思い、要求、意見、感謝の気持ちを言葉で表現する機会、友だちと発見や感動を共有するあそびや体験を十分に準備する。		
音楽リズム	・ピアニカ ・メロディベル ・音階ゲーム ・木琴、鉄琴 ・打楽器・歌 ・どんなものでも楽器になる。	・様々な楽器に触れ扱い方を覚える。 *全員に個人用ピアニカを用意し、マウスピースの洗浄の仕方や扱い方を春に修得し、いつでも奏でられるようにする。 ・リズムあそびを楽しむ。2拍子、3拍子、4拍子のリズムを体感し、リズムごとの曲を聴く。リズムに合わせて体を動かす。 ・音階ゲームやメロディベルを使って音階を楽しみ覚える。音の高低を聴き分ける。 ・季節の歌、生活の歌など、様々な歌を楽しんで歌う機会を多く持つ。	・簡単な曲から合奏に取り組む。友だちの楽器を聴きながら音に合わせて奏でる楽しさを積む。 ・リズム打ちやリズムあそび、リズムゲームを楽しむ。リズムに合わせた連続横跳びができるようになる。 ・牛乳パック、ペットボトル、空缶などを使って手作り楽器を作り、メロディ楽器に合わせてのリズム打ちを楽しむ。

5歳	あそび(玩具)	4月~8月	9月~3月

音楽リズム	＊あそびの配慮 音楽の楽しさ・美しさをまず最初に十分に経験させる。そうすることによって子どもたちは、楽器の丁寧な扱い方、奏で方を自ら積極的に学ぶようになる。子どもたちが、いつでも奏でられるように、楽器は出し入れのしやすい所に設置しておく。 互いの声や音に耳を傾けながら、合わせて歌ったり奏でる楽しさを多く体験できるようにする。 音やリズムに合わせて強弱や制止するなど、動きをコントロールできる力を高めていく。

3　環境構成及び集団づくり・クラス運営

	4月~8月	9月~3月
環境	・各コーナーの使い方用品や道具の整理、分類、片付け方を4月に確認しておく。 ・あそびを実現できる空間、コーナーをいくつか作る。机上／絵本／積木／ままごとコーナーなど。 ・見通しが持てるよう活動カレンダーを作成する。 ・絵本コーナーには独りになれる空間を作る。 ・机上コーナーには数や文字への対応や自由に制作できる素材用品を準備する。 ・当番活動に取り組みやすいように、生活用品や道具は子どもの目の高さに設定し、扱いやすさを工夫する。	・前期の設定を維持できているかを確認。 ・素材や用品、道具が子どもの取り組みや興味と合っているかを見直す。子ども自身が考えたり、話し合いによって実現しようとする時に必要となるものなどを準備する。 ・共同製作が多くなるので必要な空間が保障されているかを見直す。 ・子どもたちが主体的に運営しやすい空間、コーナーになっているかを確認する。
集団づくり・クラス運営	・グループでのあそびを確かなものにしていく。グループでの相談や話し合いの機会を持ち協力してあそびを作り上げるようにする。グループ単位の話し合いからクラス全体で話し合えるようにする。 ・当番の仕事を確かなものにしていき、順序を守り自主的に運営していけるよう導く。徐々に仕事を拡大し定着させていく。	・一日の終わりに子どもたちと一日の振り返りを行い、互いの好ましい行動やがんばったことを自分の言葉で表現できるよう導いていく。保育者が見逃しがちながんばりを紹介させることで互いのことを認め合えるよう援助する。 ・当番活動は、グループの一日に責任を持って行い、一日の見通しをとらえやすいようにする。
	・共同の仕事や、遠足、運動会に向けての活動などを通して、クラス全体で取り組む集団活動に積極的に参加できるように援助する。	・子どもたちが自分の得手を発揮できる場や機会をクラスから園全体に広げられるようにし、一人ひとりが自信をつけていけるようにしていく。

第14章 あそびの展開とクラス運営（5歳児）

	4月〜8月	9月〜3月
集団づくり・クラス運営	・集会の機会を多くし、集団で行動することにも慣れるようにし、その中で友だちを大事にしながらのびのびと振舞えるように導く。 ・あそびを通してグループでの活動を軌道に乗せていく。 ・グループの検討をする。今までのグループが不適当であれば組み替えるが、目的なく多くの子と接するためという理由の組み替えは好ましくない。 ・子どもたちが話し合いによりリーダーを選ぶことができるように導く。 ・クラス全体での話し合いが確かな内容を持てるよう導いていく。 ・子どもと保育者がクラスで決めたルールを守っていけるよう援助していく。	・自主的な行動ができるようになるので一方的な指示は控え、子どもたちが気づいて行動するのを待つようにする。 ・遊んだ後片付けなどの点検活動を保育者とともに子ども自身も行っていく。 ・自分のことが好きになり、友だちのことが好きになり、自信を持って卒園を迎えるように援助していく。 ・グループの中で起こる問題を自分たちで話し合い解決していくよう援助する。 ・最後の締めくくりとして園全体を意識させることも考えていく。卒園式を中心にしての具体的な場面を構成し、「みんなの園」「みんなとの生活」をはっきりとらえられるようにしていく。

5歳児クラスにおける保育実践例

描画　感動を描くこと（観察画）
　4歳児クラスから持ち上がった5歳児クラスです。
　クラスでメスのセキセイインコをずっと飼っていました。一羽では寂しいだろうとオスのインコをつがいにして子どもたちと世話をしており、卵を産むようになるかもしれないと木の巣箱も鳥かごの中に入れておきました。
　それからしばらくしてメスが巣箱からなかなか出てこない事に子どもたちが気付きました。「卵を産んでいるのかもしれない」「ひなが産まれるのかな？」「静かにした方が良いよ」「夜は寒いんじゃない？」「かごに何かかけてあげようよ」自分達で考えられるあらゆる事を母鳥と産まれてくるであろうひなの為にしてあげています。けれども待てど暮らせどメスは出てこず巣の外にはオスしかいません。卵を産んだらとりあえず出てくるのではと期待していたのですが全く出てくる気配がありません。
　「死んじゃったのかな？」「何してるんだろう？」「でも時々音がするよ」「きっと赤ちゃん産まれてるんじゃない？」毎日鳥かごの掃除をし、エサと水をあげます。エサは確実に減っていきます。たぶんひながいるんだろうという思いが確信に変わりつつあったある日の事です。
　待ちに待ったメスが巣箱の外に出てきたのです。子どもたちはほっとしました。その後もっと驚くべき事が起こりました。なんと母鳥の後から五羽のひな鳥が次々と巣箱から現れたのです。魔法の様です。どのひな鳥もしっかり育ち、もう自分でエサも食べられる状態になっていたのです。なんて子育ての上手な母鳥なのでしょう。子どもたちはもちろん目を真ん丸に見開いてその光景に見入っていました。かごの中には一気に7羽の鳥がおり、どう考えても窮屈です。子どもたちは園長先生のもとに走っていきこの驚きを伝えるとともに、別のかご

が必要になった事をしっかり伝えていました。

　それから三つのかごの世話をし始める事になります。毎日毎日鳥たちの世話を楽しんでしていました。以前、年長になってすぐの頃世話をしていたザリガニの絵を描かせたところとても良く観察して描いていた事を思い出し、セキセイインコたちを題材の描画に取り組んでみる事にしました。

　かごを中心に置き、子どもたちから鳥が良く見える位置から描くようにしました。大きい画用紙と、それに輪郭を取る為にクレヨン。色づけには水彩絵の具を使いました。子どもたちの描きたいように描かせるため保育者はほとんど何も言わず見守っていました。

　どの子もその集中力たるや目を見張るものがありました。必ずしも絵が得意な子ばかりがいるクラスではないのです。ところがみんなじっくりとかごの鳥を見て迷うことなく描きはじめたのです。

　輪郭の段階でも驚かされました。大きい画用紙いっぱいに大胆に描いているのです。さらに彩色をする時には鳥の羽の模様をそれは丁寧に描きます。一色に塗りつぶす子はおらず、羽の色は何色かを使って塗っていました。羽の先の形もとらえています。さらに鳥の目が実に生き生きとしているのです。一人二人ではなく全員がです。この子たちこんなに絵が上手だったかしら？と、見ている保育者は驚きました。毎日見て世話をしている間にも知らず知らず観察していたのでしょう。そしてひな鳥を迎えた時の感動が重なり合い、いきいきと描かれた17羽のセキセイインコができあがりました。みんなの絵を部屋中に展示し、保育園中の職員、他のちいさなクラスの子どもたちが観に来てくれました。保育室は小さな展覧会の会場の様でした。

　感動を持って描く絵がこんなに素晴らしいものだという事を子どもたちに教えてもらいました。

【子どもの権利条約 日本ユニセフ協会抄訳】

第1条（子どもの定義）　18歳になっていない人を子どもとします。

第2条（差別の禁止）　すべての子どもは、みんな平等にこの条約にある権利をもっています。子どもは、国のちがいや、男か女か、どのようなことばを使うか、どんな宗教を信じているか、どんな意見をもっているか、心やからだに障がいがあるかないか、お金持ちであるかないか、親がどういう人であるか、などによって差別されません。

第3条（子どもにもっともよいことを）　子どもに関係のあることを行うときには、子どもにもっともよいことは何かを第一に考えなければなりません。

第4条（国の義務）　国は、この条約に書かれた権利を守るために、必要な法律を作ったり政策を実行したりしなければなりません。

第5条（親の指導を尊重）　親(保護者)は、子どもの発達に応じて、適切な指導をします。国は、親の指導を尊重します。

第6条（生きる権利・育つ権利）　すべての子どもは、生きる権利・育つ権利をもっています。

第7条（名前・国籍をもつ権利）　子どもは、生まれたらすぐに登録（出生届など）されなければなりません。子どもは、名前や国籍をもち、親を知り、親に育ててもらう権利をもっています。

第8条（名前・国籍・家族関係を守る）　国は、子どもの名前や国籍、家族の関係がむやみにうばわれることのないように守らなくてはなりません。

第9条（親と引き離されない権利）　子どもには、親と引き離されない権利があります。子どもにもっともよいという理由から引き離されることも認められますが、その場合は、親と会ったり連絡したりすることができます。

第10条（別々の国にいる親と会える権利）　国は、別々の国にいる親と子どもが会ったりいっしょにくらしたりするために、国を出入りできるよう配慮します。親がちがう国に住んでいても、子どもは親と連絡をとることができます。

第11条（よその国に連れさられない権利）　国は、子どもが国の外へ連れさられたり、自分の国にもどれなくならないようにします。

第12条（意見を表す権利）　子どもは、自分に関係のあることについて自由に自分の意見を表す権利をもっています。その意見は、子どもの発達に応じて、じゅうぶん考慮されなければなりません。

第13条（表現の自由）　子どもは、自由な方法でいろいろな情報や考えを伝える権利、知る権利をもっています。

第14条（思想・良心・宗教の自由）　子どもは、思想・良心・宗教の自由についての権利をもっています。

第15条（結社・集会の自由）　子どもは、ほかの人びとと一緒に団体をつくったり、集会を行ったりする権利をもっています。

第16条（プライバシー・名誉は守られる）　子どもは、自分や家族、住んでいるところ、電話や手紙などのプライバシーが守られます。また、他人から誇りを傷つけられない権利をもっています。

第17条（適切な情報の入手）　子どもは、自分の成長に役立つ多くの情報を手に入れることができます。国は、マスメディア（本・新聞・テレビなど）が、子どものためになる情報を多く提供するようにすすめ、子どもによくない情報から子どもを守らなければなりません。

第18条（子どもの養育はまず親に責任）　子どもを育てる責任は、まずその父母にあります。国はその手助けをします。

第19条（暴力などからの保護）　親（保護者）が子どもを育てている間、どんなかたちであれ、子どもが暴力をふるわれたり、不当な扱いなどを受けたりすることがないように、国は子どもを守らなければなりません。

第20条（家庭を奪われた子どもの保護）　家庭を奪われた子どもや、その家庭環境にとどまることが子どもにとってよくないと判断され、家庭にいることができなくなった子どもは、かわりの保護者や家庭を用意してもらうなど、国から守ってもらうことができます。

第21条（養子縁組）　子どもを養子にする場合には、その子どもにとって、もっともよいことを考え、その子どもや新しい父母のことをしっかり調べたうえで、国や公の機関だけが養子縁組を認めることができます。

第22条（難民の子ども）　自分の国の政府からのはく害をのがれ、難民となった子どもは、のがれた先の国で守られ、援助を受けることができます。

第23条（障がいのある子ども）　心やからだに障がいがある子どもは、尊厳が守られ、自立し、社会に参加しながら生活できるよう、教育や訓練、保健サービスなどを受ける権利をもっています。

第24条（健康・医療への権利）　子どもは、健康でいられ、必要な医療や保健サービスを受ける権利をもっています。

第25条（施設に入っている子ども）　施設に入っている子どもは、その扱いがその子どもにとってよいものであるかどうかを定期的に調べてもらう権利をもっています。

第26条（社会保障を受ける権利）　子どもは、生活していくのにじゅうぶんなお金がないときには、国からお金の支給などを受ける権利をもっています。

第27条（生活水準の確保）　子どもは、心やからだのすこやかな成長に必要な生活を送る権利をもっています。親（保護者）はそのための第一の責任者ですが、親の力だけで子どものくらしが守れないときは、国も協力します。

第28条（教育を受ける権利）　子どもは教育を受ける権利をもっています。国は、すべての子

どもが小学校に行けるようにしなければなりません。さらに上の学校に進みたいときには、みんなにそのチャンスが与えられなければなりません。学校のきまりは、子どもの尊厳が守られるという考え方からはずれるものであってはなりません。

第29条（教育の目的） 教育は、子どもが自分のもっている能力を最大限のばし、人権や平和、環境を守ることなどを学ぶためのものです。

第30条（少数民族・先住民の子ども） 少数民族の子どもや、もとからその土地に住んでいる人びとの子どもは、その民族の文化や宗教、ことばをもつ権利をもっています。

第31条（休み、遊ぶ権利） 子どもは、休んだり、遊んだり、文化芸術活動に参加する権利をもっています。

第32条（経済的搾取・有害な労働からの保護） 子どもは、むりやり働かされたり、そのために教育を受けられなくなったり、心やからだによくない仕事をさせられたりしないように守られる権利をもっています。

第33条（麻薬・覚せい剤などからの保護） 国は、子どもが麻薬や覚せい剤などを売ったり買ったり、使ったりすることにまきこまれないように守らなければなりません。

第34条（性的搾取からの保護） 国は、子どもが児童ポルノや児童買春などに利用されたり、性的な虐待を受けたりすることのないように守らなければなりません。

第35条（誘拐・売買からの保護） 国は、子どもが誘拐されたり、売り買いされたりすることのないように守らなければなりません。

第36条（あらゆる搾取からの保護） 国は、どんなかたちでも、子どもの幸せをうばって利益を得るようなことから子どもを守らなければなりません。

第37条（拷問・死刑の禁止） どんな子どもに対しても、拷問や人間的でないなどの扱いをしてはなりません。また、子どもを死刑にしたり、死ぬまで刑務所に入れたりすることは許されません。もし、罪を犯してたいほされても、尊厳が守られ年れいにあった扱いを受ける権利をもっています。

第38条（戦争からの保護） 国は、15歳にならない子どもを軍隊に参加させないようにします。また、戦争にまきこまれた子どもを守るために、できることはすべてしなければなりません。

第39条（被害にあった子どもを守る） 虐待、人間的でない扱い、戦争などの被害にあった子どもは、心やからだの傷をなおし、社会にもどれるように支援を受けることができます。

第40条（子どもに関する司法） 罪を犯したとされる子どもは、ほかの人の人権の大切さを学び、社会にもどったとき自分自身の役割をしっかり果たせるようになることを考えて、扱われる権利をもっています。

＊「子どもの権利条約」の全文は第54条まであります。

【参考文献】

●発達と保育

- コダーイ芸術教育研究所「乳児の保育・幼児の保育」明治図書、1990.
- 秋葉英則・白石恵理子・杉山隆一 (監修)、大阪保育研究所 (編)「子どもと保育 (改訂版)」かもがわ出版、2011.
- 国際連合総会 (日本ユニセフ協会抄訳)「子どもの権利条約 (児童の権利に関する条約)」、1989.
- 田中昌人・田中杉恵・有田知行 (写真)「子どもの発達と診断1、乳児期前半」大月書店、1981.
- 田中昌人・田中杉恵・有田知行 (写真)「子どもの発達と診断2、乳児期後半」大月書店、1982.
- 田中昌人・田中杉恵・有田知行 (写真)「子どもの発達と診断3、幼児期Ⅰ」大月書店、1984.
- 田中昌人・田中杉恵・有田知行 (写真)「子どもの発達と診断4、幼児期Ⅱ」大月書店、1986.
- 田中昌人・田中杉恵・有田知行 (写真)「子どもの発達と診断5、幼児期Ⅲ」大月書店、1988.
- 田中昌人「乳児の発達診断入門」大月書店、1985.
- 田中昌人「1歳児の発達診断入門」大月書店、1999.
- 田中真介「重度心身障害児の発達と療育」京都大学、1995.
- Tanaka, S. "Development and Education in Childhood ," Kyoto University, 1998.
- 丸山美和子「発達のみちすじと保育の課題」あいゆうぴい (萌文社)、2001.

●子どもと健康

- 原田碩三 (編著)「子ども健康学」みらい社、2004.
- 母里啓子「インフルエンザ・ワクチンは打たないで!」双葉社、2007.
- 母里啓子「子どもと親のためのワクチン読本 －知っておきたい予防接種－」双葉社、2013.
- 母里啓子「もうワクチンはやめなさい －予防接種を打つ前に知っておきたい33の真実－」双葉社、2014.
- 母里啓子「予防接種はだれのため?」コンシューマネット・ジャパン、2014.
- 由上修三「予防接種の考え方」大月書店、1992.
- ワクチントーク全国 (編)「新・予防接種へ行く前に」ジャパンマシニスト育児新書、2011.
- ワクチントーク全国 (編)「必要ですか? 子宮頸がんワクチン」日本消費者連盟、2011.

●性教育

- 浅井春夫・安達倭雅子・北山ひと美・中野久恵・星野恵 (編著)、勝部 真規子 (絵)「あっ! そうなんだ! 性と生」エイデル研究所、2014.
- 安藤由紀 (作・絵)「いいタッチわるいタッチ」岩崎書店、2001.
- 大田黒和生「ママも知らない ボクのオチンチン」講談社、1984.

- 北村邦夫、伊藤理佐(イラスト)「ティーンズ ボディーブック」中央公論新社、2013.
- グウィン・ビバース(文)、サラ・プーリー(絵)、小林登・中山知子(共訳)「からだのしくみとはたらき」西村書店、2000.
- ステファニー・ワックスマン、山本直英(訳)「おんなのこって なあに？ おとこのこって なあに？」福音館書店、1992.
- 聖路加国際大学からだ教育研究会、北原功(絵)「わたしのからだ（絵本8冊＋解説本）」NPOからだフシギ、2017.
- 高柳美知子・"人間と性"教育研究所「イラスト版 10歳からの性教育」合同出版、2008.
- たきれい「性の絵本」アルテクリエイト、2019.
- 平原史樹(監修)、井元ひろい(イラスト)「赤ちゃんはどこからくるの？」少年写真新聞社、2011.
- P.H.クヌートセン(えとぶん)、きたざわきょうこ(やく)「あかちゃんはこうしてできる」アーニ出版、1982.
- やまがたてるえ「13歳までに伝えたい女の子の心と体のこと」かんき出版、2010.
- 山本直英・和歌山静子「おかあさんとみる性の本（全3巻）」童心社、1992.

あとがき

　一日の保育を終え、夜中に眠い目をこすりながら、分担し合ったパートを書き上げては週末に持ち寄り、互いの原稿を読みあわせて加筆していきました。一定まとまると、加筆のパートを交代しあって再度見直す作業を繰り返します。本として完成するまでに丁寧に原稿を読んで助言監修をしてくださった田中真介先生の一言一言が、私たちにとってさらに学習を深めるものとなり大きな財産となりました。

　出版にあたり、「本にまとめて出版しては」と背中を一押ししてくださりご尽力いただいた、新宿区子ども家庭部の加賀美秋彦保育課長と、私たちの原稿一行一行に目を通して下さり、助言監修を引き受けてくださった田中真介先生に、深く感謝申し上げます。

　最後に、「優しさ」と一人ひとりがかけがえのない存在であること、そして人間の素晴らしさと輝きとを、身を持って教えてくれた子どもたちに心から感謝します。

2009年1月

　　　　　　　　　　　　　　　　乳幼児保育研究会
　　　　　　　　　　　　　　　　　　佐　藤　初　美
　　　　　　　　　　　　　　　　　　池ヶ谷　恵美子
　　　　　　　　　　　　　　　　　　武　田　幸　子
　　　　　　　　　　　　　　　　　　小　川　美由紀
　　　　　　　　　　　　　　　　　　高　松　みほ子

　　　　　　　　　　　　　　　文中カット　　武　田　幸　子

本書をご購読くださり、ありがとうございます。お手数ですが、読者アンケートにご協力をお願い申し上げます。

アンケートはこちらから

発達がわかれば　子どもが見える＋（プラス）
―0歳から就学までの目からウロコの保育実践―

2009年2月25日　初版発行
2025年2月20日　第45版発行

監　修　　田中真介

編　著　　乳幼児保育研究会

発　行　　株式会社　ぎょうせい

〒136-8575　東京都江東区新木場1-18-11
URL：https://gyosei.jp

フリーコール　0120-953-431
ぎょうせい　お問い合わせ　検索　https://gyosei.jp/inquiry/

印刷　ぎょうせいデジタル㈱　　　Ⓒ2009 Printed in Japan
※乱丁・落丁本はおとりかえいたします。

ISBN978-4-324-08638-4
(5107434-00-000)
〔略号：発達と保育〕